KB247323

다시
태어나고
싶지 않아서
정치합니다

다시 태어나고 싶지 않아서 정치합니다

초판 1쇄 인쇄 2026년 1월 7일
초판 1쇄 발행 2026년 1월 12일

지은이 | 신지혜
발행인 | 이승현

편집 | 강세윤, 이상원, 김규리
삽화 | 허하연
디자인 | 이원우

펴낸곳 | 펜타클
주소 | 경기도 파주시 헤이리로 133번길 63, 4층(10858)
전자우편 | pentaclebooks@naver.com

인쇄·제본·후가공 | (주)프린탑
배본 | 문화유통북스

ⓒ 신지혜, 2026

ISBN 979-11-995259-3-1 (03340)

다시
태어나고
싶지 않아서
정치합니다

신지혜 지음

펀탄클

　윤석열 내란에 맞서 광장에 모였던 국민들은 "대한민국의 모든 주권은 국민에게 있다"는 헌법 제1조를 스스로 증명해 보였습니다. 그 시간 속에서 저는 희망이란 멈춰 있는 명사가 아니라, 살아 움직이는 동사임을 배웠습니다. 결코 포기하지 않으려는 마음, 일상 속 평화를 지키고자 하는 실천이 희망을 만들어왔습니다.

　『다시 태어나고 싶지 않아서 정치합니다』는 그러한 희망의 정치를 삶 속에서 실천해 온 한 정치인의 성찰과 기록입니다. 일상의 감각으로 포착한 장면들 속에서 정치는 어떻게 삶과 연결되는지, 또 되어야 하는지를 묻고 답합니다. 정치가 두려운 이들에겐 용기를, 정치를 멀리하는 이들에겐 따뜻한 손길을 건네는 책이 될 것입니다.

　정치는 우리 모두의 더 나은 미래를 포기하지 않고 만들어가는 일입니다. 이 책은 그 길을 놓치지 않으려는 한 정치인의 깊은 성찰이며, 오늘을 살아가는 이들에게 건네는 용기입니다. 이 책이 더 많은 이들에게 닿아, 그 꿈을 함께 꿀 수 있기를 바랍니다.

용혜인 기본소득당 대표, 제21·22대 국회의원 정치란 대체 무엇일까? 정치인은 어떤 사람일까? 30대, 여성, 페미니스트로서 나를 대변하지 않는 이들로 가득한 화면 앞에서 좌절할 때, 신지혜가 반갑게 손을 흔든다.

신지혜는 나와 닮은 사람이다. 고양이와 살고 전세 사기를 걱정하며 '젊은 여성'으로서의 일상을 함께 통과하는 사람이다.

그러나 신지혜는 나보다 나은 사람이다. 모두가 문제인 줄은 알면서도 차마 어쩌지 못하는 일들에 직접 뛰어드는 사람이기 때문이다.

그래서 신지혜는 나를 대변하는 사람이다. 그 어떤 현장에서건 언제나 단단한 얼굴로 인사하는 그를 보며 비로소 '나의 정치인'을 만났다고 확신한다.

당신은 아직 신지혜의 이름을 몰랐을지 모르지만, 그는 늘 당신 곁에 있었다.

이 책을 통해 '가장 보통의 정치인' 신지혜가 내민 손을 기꺼이 맞잡게 되기를 바란다.

민지형 라우더북스 대표, 『나의 미친 페미니스트 여자친구』 저자

'젊은 여성 정치인' 신지혜는 자주 세간의 물음표와 맞닥뜨린다. 선거 유세 자리에서 만나는 "결혼했느냐"라는 질문, TV 토론회에서 본 정치인 일까 갸웃하는 같은 빌라 할머니들의 시선 같은 것들이다. 한편 '이웃집 고양이 집사'가 세상에 던지는 물음표는 보다 다층적이다. 두 고양이 지오, 시루와 살며 느끼는 돌봄의 감각, 한밤의 불법 계엄으로 불안에 떨던 날들, 이태원 참사가 할퀴고 간 상흔, 공유 자원에 대한 권리를 기본소득으로 나눌 때 변화할 우리네 공동체의 모습 등등.

『다시 태어나고 싶지 않아서 정치합니다』를 읽다 보면, 세상의 고통에 감응하는 이웃 신지혜가 내놓는 응답이 바로 '정치'임을 알게 된다. 그것은 '다시 태어나지 않겠다'고 선언할 만치 절박하면서도, 이웃집 할머니처럼 자신을 향한 호기심 어린 눈동자들을 향한 다정한 눈맞춤이라는 것도. 알고 보면 정치라는 게 거창한 무언가가 아니라는 것도.

이슬기 프리랜서 기자, 『우리는 우리가 늘립지 않다』 서사

차례

1부

정치하는
고양이 집사

그날 밤,
국회로 나선
사람들

2024년 12월 3일 밤 10시 20분, 끽끽 소리를 내는 실내 자전거를 타던 중이었다. 살기 위해서라도 운동해야 한다고 실감한 뒤 방구석 운동을 시작했다. 2023년 내가 나에게 생일 선물한 실내 자전거를 탄지 1년이 지나자 어딘가 나사가 느슨해졌는지 조여달라는 듯 끽끽 소리를 냈다. 퍼질러 앉아 나사를 조이는 사소한 일이 귀찮아 소음을 견디는 걸 택한 채로 꾸역꾸역 페달을 굴리던 중이었다. 목표로 삼은 시간을 채우기 위해서 반복적으로 움직이는 지겨움을 덜려고 OTT를 TV로 틀어둔 채로, 끽-끽-.

자전거를 탄 지 10분 정도 지났을까. 징징 소리를 내며 침대 위에 던져둔 핸드폰이 진동하기 시작했다. 진동의 간격이 전화도 아니고 카톡도 아니었다. 보나마나 업무를 위해 쓰는 모바일 메신저 알림 소리. 대화 주제로 방을 구분했는데, 가끔 #수다방이 밤늦은 시간에 활발해질 때가 있으니, 자전거를 더 타다가 나중에 봐야지 싶었다. 그런데 진동이 끝도 없이 울려댔다. '아이고, 이 시간에 도대체 무슨 일이야' 싶어 핸드폰 잠금을 풀었다.

'수다', '최고위원회', '뉴스', '중앙당', '의원실' 등 많은 대화방 이름이 굵은 글씨로 변해있었다. 그 방에 새 글들이 올라왔다는 의미였다. 뭔 재밌는 일이 있나 했던 호기심이 차츰 불안으로 바뀌던 중 '비상계엄 선포' 글자가 눈에 들어왔다. 설마, 진짜 했다고? 올라온 수많은 대화를 확인하는 걸 멈추고 채널을 돌려 뉴스를 틀었다. 자막에도 선명하게, 믿기지 않는 그 글자들이 박혀 있었다.

전화가 울렸다. 용혜인 국회의원의 전주 의정보고회에 참석했었던 지지자였다. 의정보고회가 끝난 뒤 짧게 대화를 나누며 연락처를 주고받았고, 이후에 정치가 답답하다며 전화를 주셨던 적이 있던 분이었다. 대통령이 야당 탓하며 45년 만에 비상계엄 선포한 게 실감도 안 나고 하도 당황스럽고 어이가 없어서 전화했다고 했다. 대답하면서도 정신은 뉴스에 쏠려 있었다. 비상계엄을 해제하기 위해 시민들이 국회로 모이고 있다는 보도가 나오고 있었다. 시민들이 모이고 있으니 이 사태가 빨리 끝날 것이라며 안도의 말을 전한 뒤 전화를 끊고 미처 다 읽지 못한 업무 모바일 메신저를 다시 확인했다.

빨리 국회 앞으로 모이자는 공지도 그제야 확인했던 찰나, 또다시 전화가 울렸다. 이번엔 사무부총장이었다. 국회의원인 용혜인 대표가 체포되는 상황을 대비해야 하니 국회로 모이자는 공지를 전화로도 전했다. 공지를 확인했다고 짧게 통화를 끝냈다. 그 사이 카톡이 쌓여 있었다. 이게 무슨 일이냐고, 무섭다고, 뭘 어떻게 해야 하냐고. 이걸 다 답하다 보면 출발할 수가 없다고 되뇌며 정신을 붙잡았다. 뭐부터 해야 하지.

아, 잠옷 바람이니 옷부터 갈아입자. 세계 장애인의 날 집회에 갔던 터라 따뜻하게 입고 출근했던 날이었으니 다시 아침에 집을 나섰던 대로 옷을 꺼내입었다. 집 안에서 분주하게 움직이니 고양이 지오도 이상한 낌새를 눈치챘는지 울면서 보챘다. 퇴근하고 집에 돌아왔다가 다시 나가면 지오가 서럽게 우는 탓에 되도록 다시 나가지 않았다. 지오도 평소 같지 않게 밤에 나가려고 준비하는 집사에게 이상함을 느낀 것이었다. 지오를 몇 번 쓰다듬으면서 밥을 챙겼다. 국회 앞의 상황은 어떻게 전개될지 예상할 수 없었다. 만약 몸싸움이라도 생기면 비상계엄을 이유로 누구든 체포될 수 있으니까 지금 나가면 몇 시에 돌아올 수 있을지 모를 일이었다. 그래도 만에 하나 내가 체포

되더라도 지오를 챙겨줄 사람은 있을 거다. 출장 때마다 돌봐준 친구들도 많았으니 하루를 거뜬히 버틸 수 있을 만큼의 사료를 그릇에 담았다. 당혹스러울 정도로 급히 준비하다 보니 뭔가를 빠뜨린 것 같아 찜찜했다. 그래도 마음이 급해 더 생각할 정신도 없었다. 찜찜한 채로 지오를 몇 번 쓰다듬고서 집을 나섰다.

……

빨간 신호에 맞춰 멈춰 설 때마다 실시간으로 쌓여가는 업무 모바일 메신저 속 대화를 확인했다. 국회 안으로 들어갈 수 있는 문이 차츰 봉쇄되고 있었다. 한 아름 걱정이 담긴 연락도 많았다. 내가 국회로 당연히 갈 것이라 여긴 친척이나 친구들이 인터넷에 돌고 있는 국회 앞 경찰과 군인이 찍힌 사진을 보내왔다. 꼭 조심하라고. 동시에 불안도 호소했다. 생애 처음으로 비상계엄 선포를 본 나와 같은 세대인 그들은 실감이 나지 않아 얼떨떨한 동시에 무슨 일이 어떻게 일어날지 몰라 두려워했다.

국회로 가는 서강대교를 건너니 차가 꽉 막혀 있었다. 4차선 도로 중 3차선이 이미 주차장이 되어 차선의 쓸모를 잃었다. 국회로 모여달라는 호소를 보고 단숨에 달려온 시민들이 타고 온 차와 국회를

2024.12.3 서강대교에서 국회 정문으로 가는 방향의 4차선 도로가 주차장이 될 정도로 많은 시민이 달려와 주었다.

2024.12.4 국회에서 비상계엄 해제 요구 결의안이 가결된 후에도 도로를 꽉 채울 만큼 많은 시민이 국회 정문 앞을 지켰다.

봉쇄하려고 경찰을 태우고 온 듯한 경찰버스가 한데 섞여 있었다. 평일 한밤중에 언제나 한산하던 국회 주변 골목도 주차할 곳을 찾기 어려울 정도로 빽빽하게 시민들이 많이 달려와 주었다. 국회 맞은편에 있는 당 사무실 주변을 세 바퀴 정도 돌면서 겨우 주차하고 국회로 가려고 횡단보도로 달려가는데 누군가가 외쳤다.

"힘내세요!"

소리가 난 곳을 쳐다보니, 대학 신입생 정도의 앳된 얼굴을 한 남성 몇 명과 눈이 마주쳤다. 무슨 일인가 싶어 달려오긴 했으나 국회 앞을 함께 지키기엔 무서워서 거리를 두고 있었던 걸까. 국회로 달려가는 사람에게 소리 내 응원을 전하고 싶었던 마음이 따뜻하게 느껴진 것도 잠시, 국회를 향해 날아가는 헬기 소리가 요란하게 들렸다.

그때였다. 이게 정말 비상계엄이구나 싶었던 순간이. 셀 수 없이 많은 집회에 가도 항상 마주하는 것은 경찰이고, 시민이 군인을 마주하는 순간은 별로 없다. 특히나, 시민의 반대편에 서 있는 군인을 말이다. 헬기 소리에 군인이 투입될 뿐만 아니라 정부 조직 자체가 군 중심으로 바뀌는 비상계엄이라는 걸 실감하니 두려웠다. 집회에서 경찰에 과잉 진압이나 대응을 항의하는 것과 총을 든 군인에 항의하는 것은 차원이 다른 무게로 느껴졌기 때문이다. 나도 모르게 읊조리듯 무섭다는 말이 흘러나왔다.

"어머, 의원님 여기서 뭐하세요!"

국회로 가는 횡단보도를 건너니 곧바로 아는 얼굴이 보여 인사 겸 아는 체를 했다. 24년 총선 이전부터 정책간담회 자리에서 자주 뵈었던 분이었다. 국회 출입증이 있는 보좌진이나 기자에게 막힌 출입문은 국회의원에게도 열리지 않았다. 출입문 근처는 이미 많은 시민이 에워싸고 있어 출입문 앞으로 가기도 쉽지 않아 들어갈 방법을 찾는 중이라 했다. '의원님'이라는 소리에 걸음을 멈춘 시민들과 눈이 마주쳤다. 아무리 정치에 관심 많아도 300명 국회의원 얼굴을 다 알 순 없었고, 임기를 시작한 지 얼마 되지 않으니 더 그랬다. "의원님이세요?"

라며 걸음을 멈춘 시민과 곧바로 의원 옆에서 출입증 목걸이를 한 보좌진과도 눈을 맞췄다.

'말하지 않아도 알아요.' 한참 유행했던 광고 카피처럼 우리는 말을 건네지 않아도 몇 초 후 함께 해내야 할 일이 있음을 알았다. 지금 우리 눈앞에 있는 국회의원을 국회 안으로 들어가게 해야 한다는 것. 우리 위치는 국회도서관과 가까운 출입구 옆이었고, 180cm보다 높은 철로 된 담벼락을 넘으면 된다. 경찰이 담벼락까지 모두 봉쇄하기 전에 재빠르게 행동해야 했다. 시민과 보좌진들이 의원을 들어 올리려 둘러싸니 두 명의 경찰이 다가왔다. 경찰이 "넘어가시면 안 돼요. 위험해요."라며 의원을 향해 손을 뻗으려 했다. 나는 그 손을 몸으로 막으며 말했다.

"국회의원이에요. 지금 경찰이 모든 출입구를 막고 있잖아요."

그렇게 경찰과 실랑이하는 사이 국회의원은 무사히 담벼락을 넘었다. 국회의원을 들어 올린 시민들은 손을 탈탈 털며 말했다. 이렇게 몇 명의 국회의원을 국회 안으로 들어가게 도왔다고. 그들은 또 손 보탤 자리를 찾아갔다.

"지금 6문 쪽으로 군용 트럭 들어가려고 한대요!"

한 시민이 외쳤다. 그의 스마트폰에선 유튜브로 국회 모습이 실시간 중계되고 있었다. 삼각대에 핸드폰을 걸치고서 유튜브 실시간 방송을 하는 사람들도 많았다. 국회에 들어갈 길이 없어 경찰에 항의하고 있거나 국회 주변을 살피던 사람들이 누군가의 외침에 6문을 향해 걸어갔다. 국회 앞에 있는 나보다 국회 상황이 궁금해 유튜브를 보는 사람들이 전체적인 상황을 잘 알 수 있을 정도로 계엄 선포 후 국회 앞 상황이 생생히 중계되고 있었다. 유명한 정치인들이 어딜 가든지 유튜버도 따라다니는 게 당연한 그림처럼 여겨지는 시대가 됐다. 45년 만에 무시무시한 비상계엄을 선포하면 국민이 겁에 질려 알아서 밖으로 나오지 않을 거라 여겼거나, 몇 개 언론사를 폐쇄하면 국민의 눈과 귀를 막을 수 있을 것이라 여겼거나, 무엇이 됐든 정부는 국민을 우습게 봤고, 그런 정부에게 천불이 나듯 분노를 느낀 국민이 비상계엄 선포의 무서운 위력을 무너뜨리고 있었다.

······

"국회의장이 안건 상정했대요!"

"비상계엄 해제, 가결됐습니다!"

국회 담벼락에 붙어 핸드폰으로 뉴스 생방송을 보는 사람들이 소리쳐 소식을 전해주었다. 가결됐다는 소식에 시민들은 환호성을 지르면서 경찰에게도 비상계엄 해제됐으니 국회 들어가는 문을 막지 말라고 외치기 시작했다. 또 누군가는 이대로 집으로 돌아가면 안 된다고 큰소리로 말했다. 국회에서 가결한 것은 '비상계엄 해제 요구 결의안'이고, 해제 역시 선포한 대통령이 선언해야 완전히 해제된 것으로 볼 수 있기 때문이었다. 45년 만에 비상계엄을 선포하고 군인까지 국회로 들어가 있는 마당에 국회 의결을 무시한 채 비상계엄을 유지하는, 말 그대로 헌법을 무시하는 행태를 저지르고도 남을 대통령이라는 불안이 움트고 있었다. 비상계엄 해제가 공식적으로 발표되고, 군인과 경찰이 철수하고, 국회의원 역시 무사히 국회를 빠져나올 수 있어야 '상황 종료'로 볼 수 있을 것 같았다. 그때까지는 국회 앞을 지켜야 했다. 되도록 많은 시민과 함께.

긴급회의를 하려고 모인 당 사무실 분위기는 착 가라앉아 있었다. 나와 몇몇이 국회 앞에서 당원들을 챙기고 시민과 함께 시간을 보내는 사이 사무실 내부도 분주했기 때문이었다. '모든 정치 활동 금지'라는 포고령 1호가 알려진 뒤 당 사무실을 지키는 팀은 컴퓨터에 자동 로그인된 모든 SNS 계정을 로그아웃했다. 당원에게 국회 앞으로 모여달라는 문자를 보내고, 국회 앞으로 가겠다고 한 당원을 국회 앞을 지키는 현장팀에 연결해 만나게 했다. 동시에 다른 지역 시도당위원장과 통화하며 상황을 공유하는 등 종합상황실 역할을 하고 있었다. 혹시 군인이나 경찰이 들어올 경우도 대비하며 불을 꺼둔 채로 말이다. 국회에서 비상계엄 해제 요구 결의안이 가결됐다고 하나 난 데없이 야당 탓하며 비상계엄을 선포한 데 대한 황당함, 분노, 두려움, 혼란 등이 섞여 있으니 자연히 분위기는 무거울 수밖에 없었다.

용혜인 대표는 계엄 선포한 지 몇 분 지나지 않아 무사히 국회 안으로 들어갔다. 용혜인 대표가 활동하는 상임위원회가 행정안전위원회라 피감기관이기도 한 경찰이 용 대표의 얼굴을 알아봤고, 당시에는 국회 출입을 완전히 봉쇄하지는 않았던 상황이라 큰 실랑이는 없었다. 비상계엄 해제 요구안이 가결됐다고 해도 맘 놓을 수 있는 상황은 아니었다.

헬기 소리가 난 이후, 군인이 국회로 '침투'했다. 역시 군인을 실은 헬기가 맞았다. 군인이 비상계엄 해제를 막기 위해 국회로 간 것이라면, 완전히 비상계엄 해제를 할 때까지 체포될 위험은 남아 있었다. 대표가 역할을 하지 못하는 상태가 될 것을 대비해 대신할 사람을 정해야 했다. 기본소득당 당헌에는 대표 권한대행을 최고위원 중 호선하게 되어 있었다.

"누가 하실래요?"

"……"

5명 최고위원 중 4명이 모였으나 누구도 쉽게 입을 떼지 못했다. 나

설 사람이 없는 문제가 아니었다. 누구도 그런 상황까지는 오지 않았으면 하는, 오지 않아야 한다는 마음이었을 것이다. 대표가 못 움직이는 상황을 대비해 놓으면 마치 말한 대로 될지도 모른다는, 마치 부정 타면 안 된다는 마음이 모인 침묵이었을 것이다. 짧은 침묵을 깨고 해야 할 일에 집중하자는 마음으로 먼저 입을 열었다.

"그건 실제 상황이 벌어지면, 그때 가서 다시 논의하시죠."

당 대표인 국회의원이 체포된다면, 정당 대표 역시 체포 대상이 될 거고, 대표의 직무를 대신하는 사람이나 지도부 역할을 하는 이들 역시 줄줄이 체포될 수 있었다. 그때는 차원이 다른 논의를 해야 했다.

완전히 비상계엄이 해제될 때까지 국회 앞과 당 사무실을 지키기로 하고, 팀을 나눴다. 비상계엄 해제 선언을 몇 시간 내에 하지 않을 경우도 대비해서 아침 일찍 출근할 담당자도 정했다. 빠르게 회의를 끝내고 나는 다시 많은 시민이 지키고 있는 국회로 나섰다. 이번에는 당 깃발과 핫팩도 챙겨서. 여러 곳의 국회 출입문을 중심으로 여전히 사람이 모여 있었다. 방송사 차량의 강한 조명 덕분에 국회 앞을 지키고 있는 사람들의 표정까지 훤히 보였다. 날씨가 추워 빨개진 코 위에 불안과 분노를 품고 있는 눈빛으로 입김을 내뿜으며 시민들이 외치기 시작했다.

"불법계엄 해제하라!", "윤석열 탄핵하라!", "윤석열 체포하라!"

······

시민들은 윤석열을 비상계엄 선포했던 그 밤부터 '내란수괴'라 명명했다. 1980년 광주에서 군인이 저지른 학살로 흩뿌려진 수많은 피, 그리고 진실을 밝히고 이를 알리고자 애썼던 이들이 고군분투했던 시간이 켜켜이 쌓여 있었기에 시민들은 단박에 알았다. 대통령이 불법으로 비상계엄을 선포했고, 이는 '내란'이라는 것을 말이다. 시민의 외침이 계속되는 동안 시민사회 원로들을 포함해 시민사회단체가 아침에 기자회견과 회의를 한다는 소식이 SNS에 퍼졌다. 국회 정문 앞엔 시민발언대가 생겼다. 간이 테이블 위에 올라가 시민들은 마이크를 잡고 울분을 토했다. 비상계엄 선포 이전부터 쌓였던 정부에 대한 불신과 분노가 비상계엄 선포로 정점을 찍었다. '진짜 이건 아니다' 싶어 망설이기보다 몸을 내던지기로 한 수많은 이들의 마음이 마이크로 전해졌다. 그 마음들은 또 다른 용기를 뿜게 하는지 시민발언대 뒤 발언을 하고 싶은 사람들의 줄이 길게 늘어서 있었다. 비상계엄도 완전히 해제되지 않은 상태에서 너무나도 질서정연하게 말이다. 비상계엄 선포로 불통의 끝을 보여준 대통령과 달리 서로의 이야기가 궁금한 사람들은 아예 차디찬 아스팔트 위에 자리를 깔고 앉기 시작했다. 새벽 3시가 넘어가는 시간에도 인도에 다 설 수 없을 정도로 사람이 많아서 평소에 차만 다니는 도로까지 민주주의를 지키려는 사람들의 차지가 됐다. 2008년 광우병 쇠고기 수입 반대를 외쳤고, 2016년 국정농단 박근혜 탄핵을 외쳤던 과거의 공통 경험이 만든 비상계엄 해제를 기다리며 저마다 꿈꿨던 민주주의를 이야기하는 긴 새벽이었다.

해가 뜨기 직전이 가장 어둡다고 했던가. 사람이 추위와 졸음에 가장 취약해진다는 새벽 4시가 될수록 걱정도 커졌다. 국회 정문 앞에 수백 명 정도의 사람이 있었다. 경찰이 마음만 먹으면 강제로 해산시킬 수 있는 규모였다. 심지어 미리 신고하는 일반적인 집회 상황도 아니었다. 비상계엄이 선포된 지 몇 시간 지나지 않은 새벽이라 경찰의 대응도 예상되지 않는데, 국회 결정 뒤에도 정부는 깜깜무소식이었다. 아스팔트 냉기가 올라와 몸이 발발 떨려 더 이상 견딜 수 없겠다 싶어 일어났다. 경찰이 시민들이 있는 쪽으로 모이는 것이 보였다. 경찰의 움직임에 나처럼 긴장한 시민들이 앉아 있는 다른 시민들을 지키겠다는 듯 시민들 뒤에 서기 시작했다. 혹여나 경찰이 이제는 도로를 열겠다며 시민들을 인도로 몰아내면 충돌이 생길 수도 있었다. 다행히도 움직인 경찰은 대부분 교통경찰이었다. 그들은 시민들이 더 촘촘하게 모이게 하더니 경찰버스가 국회 앞을 떠날 수 있게 도왔다. 경찰 일부도 국회 앞을 떠나기 시작했고, 국회로 침투했던 군인도 철수했다고 했다. 그런데도 왜 비상계엄 해제를 선언하지 않는 걸까. 한

치 앞도 예상되지 않으니 더욱 답답했다.

추위에 지쳐가고 지하철 첫차 시간이 얼마 남지 않았을 무렵 대국민 담화 발표가 있을 것이란 소식이 전해졌다. 비상계엄 선포한 지 몇 시간도 되지 않았는데, 국무위원 성원이 부족해 의결이 늦어지고 있다는 황당한 변명과 함께 말이다. 정부 체계를 싹 바꾸는 비상계엄을 선포해놓고, 국무위원들이 홀연히 대통령실을 떠나 귀가했다는 건가? 국회 의결을 무시할 방도를 찾거나 2차 계엄을 준비했던 것 아니냐는 의구심을 키우는 어이없는 변명이라고 시민들은 생각했다. 눈을 씻고 찾아봐도 믿을 수 있는 구석을 찾을 수 없으니 정부가 계엄 해제를 공고할 때까지 신뢰할 수 없었다. 국회의사당역 지하철 첫 차가 다닐 무렵 계엄 해제는 공고됐고, 기본소득당은 그제야 국회 앞을 벗어나기로 했다.

긴장해 굳은 몸으로 다섯 시간 넘게 추위 속에 몸을 떨었더니 허기가 졌다. 우리는 당 사무실로 가는 길에 우르르 편의점으로 몰려갔다. 나는 따뜻한 국물이 너무나 간절해서 전자레인지에 돌려먹는 어묵탕을 골랐다. 너무 피곤할 때 오히려 쉽게 잠들지 못하는 것처럼 국물 딱 한 입을 먹었더니 아무것도 더 들어가지 않았다. 삽시간에 먹을 걸 해치우는 다른 동료들을 멍하니 바라보다 업무용 SNS로 고생한 서로에게 격려의 말을 전했다. 그리고 오전 10시에 긴급 최고위원회를 진행하기로 했다. 지금 집으로 출발하면 딱 두 시간 눈 붙이고 나올 수 있었다. 은평구에 사는 동료들을 차에 태워 집으로 출발했다. 조수석에 앉은 동갑내기 동료를 제외한 모두가 출발한 지 5분도 지나지 않아 잠에 빠졌다.

"와, 그런데 다른 사람들 연락은 진짜 많이 왔는데, 오히려 우리 엄마 아빠는 연락 한 통이 없네? 당연히 국회 가서 바쁠 거라고 생각했나봐."

통영에서 서울까지 차를 몰고 와 정치 활동을 뜯어말렸던 부모님의 큰 변화를 긴 새벽을 보내고 집으로 돌아가는 길에 번뜩 생각나 친구에게 말했다.

"계엄 선포하자마자 엄마한테서 전화가 왔어. 절대 나가지 말래. 나는 동료들이 잘못되면 그 짐을 다 어떻게 내가 지고 살겠냐고, 무슨 일이 있더라도 나가는 게 낫다고, 한참 통화하느라 출발을 좀 늦게 했어."

젊은 날 비상계엄을 경험했던 부모 세대의 감각이 다를 수 있다는 생각을 미처 못했다. 이미 국회 앞으로 나온 시민들은 자신이 국회로 나설 수밖에 없었던 마음을 나눴다. 국회로 달려가는 것을 자기의 일로 여기며 정당에서 일하는 자식을 둔 비상계엄의 폭력을 경험한 부모의 마음은 헤아리지 못했다. 집으로 가는 내내 이 정부가 도대체 어떤 공포와 트라우마를 헤집어 놓은 것인지에 대해 생각했다. 내 부모님도 연락하지 않는 것이 걱정의 표현이었다는 것도 몇 시간 뒤에야 알았다. 2024년 12월 3일, 그날 그곳에 있었던 사람들의 생각과 감정, 그리고 그들이 만들어 낸 역사는 앞으로 또 어떻게 기억되고 기록될까.

그리고 그땐 미처 몰랐다. 내란수괴를 대통령 자리에서 완전히 끌어내리기까지 그렇게 지난한 시간을 보내야 할 줄은.

탄핵 광장에서
성평등을 외치다

2024년 12월 3일 화요일 내란의 밤을 지나고 난 뒤 일상이 완전히 달라졌다. 4일 새벽, 비상계엄 선포 해제를 공식적으로 발표할 때까지 시민들과 함께 국회 앞을 지켰다. 잠깐 눈 붙이고 나와 긴급 최고위원회의를 했다. 비상계엄 선포로 군경을 동원해 무력으로 민주주의를 빼앗으려 한 자가 여전히 군대를 지휘하고 통솔하는 군통수권자 자리에 있어선 안 됐다. 군통수권을 정지시킬 윤석열 탄핵을 위해 당이 온 힘을 다해야 한다고 회의에서 확인했다. 온 힘을 다한다는 건 평범하게 누렸던 많은 것을 뒤로 미뤄야 한다는 뜻이었다. 친구와의 약속, 운동, 잠 같은 것을 말이다.

회의가 끝난 뒤 국회 본청 앞으로 향했다. 윤석열 사퇴 촉구 및 윤석열 탄핵 추진 비상시국회의에 참석하기 위해서였다. 평소보다 사람이 많이 올 것 같아 일찍 길을 나섰다. 그런데도 국회 본청 앞 계단에 설 자리가 없을 정도로 인산인해였다. 국회 본청 앞 계단에 이렇게나 많은 사람이 모인 것을 앞으로 볼 일이 있을까 싶을 정도로 장관이었다. 한밤중에 국회 앞으로 달려와 준 시민을 보고 일렁였던 마음이 다시 일었다. 그날 오후, 국회에 윤석열 탄핵소추안이 발의됐다. 표결이 예정된 토요일까지 온 힘을 모아야 했다.

당원 행동 지침을 만들어 배포하고, 구체적으로 탄핵을 위해 해야 할 여러 일들을 정신없이 처리한 뒤 사무실이 있는 여의도에서 광화문으로 향했다. 비슷한 시간에 국회 앞에서도 촛불문화제가 열렸지만, 시민의 목소리가 듣고 싶어 광화문으로 갔다. 무슨 옷을 입을지 고민할 겨를도 없어 이틀 동안 같은 옷을 꺼내 입었는데, 일주일 내내 같은 옷을 입고 있는 듯한 착각이 들 정도로 긴 시간이 지난 것 같았다. 4일 밤 광화문에서 촛불을 들었다. 사람들의 분노만큼이나 활활 타는 촛불 때문인지, 혹은 퇴근하고 광화문으로 와준 수많은 시민 덕분인지 추위도 견딜만했다.

촛불을 들고 우리는 서로의 삶을 들었다. 군대에 보낸 아들이 있는 엄마의 놀람과 걱정을, 지난 선거에서 윤석열을 찍었던 사람의 후회를, 그리고 광주 출신 시민의 다시금 떠오른 공포를 들었다. 광장에

서의 우리는 비슷한 감정을 느낀 것에 동질감을
느꼈고, 내겐 낯설지도 모를 감정이나 생각에 대
해서는 이해하려 노력했다. 비상계엄을 선포한
대통령이 적대한 시민이 서로를 품으며 함께 살
아가려는 세상을 시민발언대의 목소리로 나누
기 시작했다.

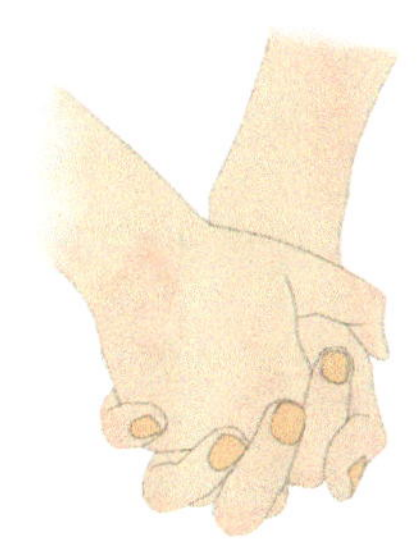

……

　탄핵 표결이 있는 7일 토요일 집회가 특히 중요했다. 대통령 탄핵
은 국회의원 300명 중 2/3가 찬성해야 할 만큼 장벽이 높았다. 대통
령이 소속된 국민의힘 소속 의원은 108명이었고, 이들에게 많은 사
람이 탄핵을 바란다는 것을 보여줘 탄핵 가결을 이끌어내야 했다. 우
리 당원부터 최대한 참석을 독려하기로 했다. 전국에서 분노한 당원
들이 그날 집회에 참석하겠노라 응답했다. 당원들과 한데 모여 집회
에 참석할 수 있도록 카톡방을 개설했다. 보통 집회에 나가면 주최 측
이 나눠주는 피켓도 대량으로 준비했다. 재정 여력이 좋지 않은 당 입
장에서는 적지 않은 돈이었지만, 긴박하게 준비하는 집회라 십시일반
보태자는 심정이었다. 집회 장소는 탄핵 표결을 하는 국회 앞이었고,
집회 시작 한 시간 전부터 차곡차곡 국회 앞 거리를 채우기 시작했

다. 카톡방에 모여 있는 당원들도 당 깃발을 보고 모이기 시작했는데, 기본소득당 창당 이후 가장 많은 당원이 참석한 행사가 됐다. 국회의 사당역에 내려 집회 장소로 오는 사람들에게 피켓을 나눠주기 시작 했다. 집회 참석하는 사람들의 목소리를 담은 우리의 피켓이 시민의 손에 들려 집회 중계카메라에 찍힐 때마다 준비하길 잘했다고 뿌듯 해했다.

오후 3시부터 집회는 시작됐고, 한밤중까지 집회가 계속될 것 같 아 화장실을 미리 다녀와야겠다고 생각했다. 가장 가까운 국회의사당 역은 안전상의 이유로 집회 시작 전부터 폐쇄됐다. 이태원 참사 이후 10만 명이 넘는 인파가 모인 집회는 처음이었고, 모두 안전하게 집회 가 진행되어야 한다는 생각에 경찰이나 주최 측의 지시에 곧잘 응했 다. 사람들이 움직일 수 있는 통로로 만들어 둔 길을 따라 조금씩 조 금씩 이동해 길 건너 사무실까지 가는 데 한 시간이 걸렸다. 여의도 공원 근처 지하차도와 그 너머 여의도공원까지 사람들이 꽉 차게 앉 아 있었다. 같은 마음으로 찬 아스팔트 위에 앉아 있는 사람들을 보 니 뭉클해져 사진을 찍고 당원에게도 나누려 했지만 실패했다. 카톡 이 먹통이 될 만큼 사람이 많았던 탓이었다. 화장실에서 돌아오는 길 에는 다행히 봉쇄되었던 지하철 입구가 열려 금방 돌아올 수 있었다.

이윽고 탄핵소추안 표결 시간이 됐고, 시민발언대도 멈추고 뉴스 중계를 함께 보기 시작했다. 중요한 말 한마디라도 놓칠까 싶어 모두 숨죽인 채로 조용히. 뉴스에는 내가 대변인일 때부터 보도 논의를 자주 하곤 했던 기자가 나와 국회 상황을 말하고 있었다. 그도, 나도 각자의 자리에서 애쓰고 있구나 싶었다. 국회 안은 어떨까, 국민의힘이 표결에 참여할까. 선거 개표 방송에서 카운트다운하며 결과가 공개되기 전 숨을 죽이듯 모두 뉴스에 집중했다. 국회의장의 목소리가 생생히 들렸다.

"윤석열 대통령 배우자 김건희의 주가조작 사건 등의 진상규명을 위한 특별검사 임명 등에 관한 법률안 재의의 건은 총 투표수 300표 중 가 198표, 부 102표로서 부결되었음을 선포합니다."

탄핵소추안 표결 전에 비상계엄 선포 전 거부권을 행사했던 소위 '김건희 특검' 법안 재의결이 부결됐다. 국회의원 300명이 모두 출석했기에 탄핵소추안처럼 200명이 찬성해야 가결되는데, 딱 두 표가 모자라서 부결된 것이었다. 특검도 동의하지 않는 이들이 대통령 탄핵에는 동의할까. 역시나 국민의힘 의원들은 대통령 탄핵소추안이 상정되자 퇴장하기 시작했다. "아-" 짧은 탄식이 곳곳에서 터져 나왔다. 간간이 쌍욕이 들려오기도 했지만, 모인 인파에 비하면 고요한 수준이었다. 시민의 분노를 파악 못 하고 표결에 불참할 정도로 여당이 망가진 것에 대한 절망의 침묵이었는지도 모른다. 내게는 나의 목소리 때문에 혹여나 다른 이들을 방해할까봐 소리 내고 싶은 것을 참는 배려로 읽혔다. 속으로 절망한 시민들은 아스팔트 냉기도 참아낸 인내심으로 기다리고 기다렸다.

안건 설명을 마친 민주당 원내대표가 국민의힘 의원 한 명 한 명의 이름을 부르면서 돌아오라 외쳤다. 국회 밖에서도 한마음으로 따라 외치기 시작했다. 그런데 국민의힘 의원 이름이 입 밖으로 나오질 않았다. 솔직히 입에 담기도 싫었다. 표결에 참여하지 않는 비겁함이 싫었다. 국민에게 총을 겨눈 자를 보호해서 당이 살아야 자신의 다음 선거에서 유리할 것이라는, 국민을 완전히 무시하는 행태도 꼴 보기 싫었다. 이름은 빼고 돌아오라는 구호만 함께 외치는데, 이상하게 목이 메었다. 금방이라도 터질 것 같은 눈물을 흘려버리면 왠지 그들에게 지는 것만 같아서, 메이는 목을 비틀어 소리쳤다.

뉴스 화면은 본회의장 바깥 현장으로 바뀌었다. 몇몇 의원이 본회의장 바로 밖에서 언론의 질문에 답하고 있었다. 우리 당 용혜인 대표가 발언을 시작했다. 국회의원들은 12월 3일 계엄이 선포됐던 날에 국민에게 목숨을 빚졌다고, 언제나처럼 국민이 지켜줄 것이라고,

그러니 국민을 믿고 본회의장으로 돌아와 표결해달라고, 표결이라는 간단한 행동 하나로 민주주의를 지키고 국민에게 보답하자고. 우렁차면서도 울먹이는 목소리에 덩달아 나도 참던 눈물이 날 것만 같았다. 기다리는 동안 본회의장을 떠난 적 없는 안철수 의원 외에도 두 명의 국민의힘 의원이 본회의장으로 돌아왔다. 시민들은 마음을 담아 크게 박수치며 고맙다고 외쳤다. 내란의 밤에 비상계엄 해제하라며 국회의원이 국회로 들어가는 길을 열어줬던 시민은 국회의원 본분을 다하길 바라는 마음이었다. 당연한 본분 중 하나인 본회의장에 표결하러 들어가는 것도 고맙다며 응원하는 간절한 마음을 거부하는 이들은 알까.

뉴스 중계 화면이 무대 화면으로 다시 바뀌었다. 사회자는 앉아 있는 시민을 일으켰다. 표결하라는 시민의 명령이 국회 안까지 들리도록 국회에 더 가까이 가 에워싸자고 했다. 그리고 노래가 흘러나왔다. 집회에서 흔히 나오는 노래들이 아닌 유행하는 노래들이. 노래 중간중간에 사회자를 따라 '윤석열 탄핵' 구호를 외쳤다. 형형색색의 응원봉이 찬란하게 빛나며 움직였다. 이게 한을 흥으로 승화하는 문화의 면모인가 싶을 정도로, 흥겹게 탄핵을 노래하며 춤췄다.

본회의 회차를 변경하지 않아도 되는 밤 12시까지 국민의힘 의원들이 들어오기를 기다리는 방법도 있었다. 본회의가 끝날 때까지 지켜보는 시민들도 국회 앞을 지킬 것이 분명했다. 그래서인지 시민이 안전하고 편리하게 집으로 돌아갈 수 있는 시간에 본회의를 마친다고 했다. 밤 9시 26분, 국회의장은 표결에 참여한 국회의원 수가 의결 정족수 200명이 되지 않아 투표가 성립되지 않았다고 선포했고, 사과와 함께 본회의가 끝났다. 국회 앞 시민들은 앞으로 탄핵이 될 때까지 매일 저녁 국회 앞에 모일 것을 약속했다.

우리 당도 원치 않은 결과를 안고서 집으로 돌아가야 하는 상황을 정리하고 다시 힘을 모아야 했다. 우리끼리 모여 집회를 정리하려는데 한 청년 당원이 울고 있었다. 그렇게 신나게 노래하며 춤추며 외쳤어도 전혀 해소되지 않은 응어리와 실망이 눈물로 흐르고 있었다. 다른 이의 눈물에 쉽게 전염되듯 울고 마는 나도 그를 안고 토닥였다. 꼭 될 거라고, 돼야 한다고, 우리 지지 말고 힘내자고.

2024년 12월 7일, 1/3이 넘는 국회의원이 국민의 뜻을 배반했던 날, 여의도에 가장 많은 인파가 있었던 시각은 탄핵소추안이 상정된 직후인 18시였고, 최소 28만 명이 집계됐다. 20대 여성이 가장 많았고, 그들은 바람 불어도 꺼지지 않는 가장 아끼는 빛을 들고나왔다. 소중한 것을 지키겠다는 마음을 안고.

······

　일주일이 지난 12월 14일에 국회에서 대통령 탄핵소추안이 가결되어 대통령 직무가 중지되었다. 국회의원 300명 모두 출석했다. 찬성 204표, 반대 85표, 기권 5표, 무효 8표. 일주일 전보다 더 많이 모인 광장의 시민은 마침내 해냈다며 환호했지만, 찬성표가 압도적이지 않은 것에도 분노했다. 4월 4일 헌법재판소의 파면 결정이 있기 전까지 시민은 광장에 모여 탄핵을 외쳤다. 광장은 시민 발언과 공연으로 채워졌고, 때때로 정당의 발언이 있었고, 매번 재치 넘치는 다양한 깃

2024.12.4 비상계엄 선포가 해제된 그날 저녁부터 시민들과 촛불을 들었다. 헌법을 위반한 비상계엄 선포에 대한 책임을 묻기 위해서다.

발을 나부끼며 흥겨운 행진을 했다. 광장에 앉아 들려오는 시민의 이야기에서 소중한 것들이 드러났다.

무대에 오른 시민들은 자신을 소개할 때 '광장식'이라는 말을 덧붙였다. 자신의 성 정체성이나 출신, 직업 등을 밝히는 것이 문화처럼 자리 잡은 것이 광장식 소개였다. 자신을 이해하거나 설명할 때 가장 중요하게 생각하는 요소를 비로소 드러내는 것 같은 소개에서 그동안 대통령의 갈라치기 발언 때문에 덧난 상처가 보였다. 성소수자, 페미니스트, 이주민, 장애인 등의 말로 자신을 소개할 때가 특히 그랬다. 윤석열이 비상계엄을 선포하기까지 2년 7개월의 임기 동안 우리 사회에서 없는 셈 치려 했던 사람들이 있다는 게 대통령의 말이나 정책으로 드러났었다. 그럴 때마다 기자회견을 하고 집회도 했다. 그래도 정부는 통합을 말하면서도 끊임없이 사람들을 편 가르며 혐오를 선동하는 행보를 해댔다. 더 나은 세상을 위해 움직이는 사람들은 너무나 바빠졌고, 쳇바퀴 돌 듯 같은 문제가 반복되는 것에 지치기도 했다. 광장식 자기소개는 그 모든 수고하는 이들에게 위로였다. 그동안 애쓴 것을 알고 있다고, 제아무리 정부가 내 존재를 지우려 했어도 때로 절망하면서도 살아남았다고, 그래서 지금은 내 존재를 드러내며 함께 탄핵을 외치고 있다고, 적어도 내게는 그렇게 들렸다.

윤석열이 공약이랍시고 '여성가족부 폐지' 7글자를 SNS에 올렸던 일화는 자주 무대 위에서 언급되었다. 구조적 성차별은 없다는 말도 마찬가지였다. 온라인에서부터 집과 직장, 거리 등 일상적인 공간에서도 안심할 수 없는 소수자의 삶에 대한 무관심과 무시가 응원봉을 꺼내게 만들었다고 광장의 목소리들이 들려주었다. 더 놀라운 것은 탄핵 광장 참가자의 또 다른 변화였다. 남태령에서 밤새 농민과 연대했고, '인간 키세스'가 되어 추위를 견뎌내며 윤석열 구속을 외쳤다. 탄핵 광장이 열리기 이전부터 투쟁하던 사람들이 연대를 요청하면 어디든 갔다. 지하철 탑승 시위하는 장애인의 곁에 함께 누웠고,

2024.12.14 국회에서 대통령 탄핵소추안이 가결된 날, 나는 마이크를 잡고 사진 찍을 구호를 외쳤다. "윤석열을 탄핵하라!"

고공농성하는 해고노동자를 만나러 갔고, 학내 민주주의가 무너지고 있어 싸우는 대학생 옆에서 함께 구호를 외쳤다. 비상계엄을 옹호하는 극우세력이 국가폭력의 아픔을 품고 있는 광주에 모인다는 소식에 광주로도 달려갔다. 그들에겐 '말벌 동지'라는 이름이 생겼고, 몸으로 함께할 수 없다면 그곳에 있는 사람들을 먹이고 따뜻하게 하기 위해 난방 버스를 빌리는 데 돈을 썼다.

탄핵 광장은 어떤 이들에게 이전에 보이지 않던 세상을 보이게 했다. 이토록 많은 사람들이 더 나은 삶을 위해 싸우고 있었으며, 그 외로운 싸움은 내 삶과도 연결되어 있다는 감각을 일깨웠다. 그 감각이 싸우는 사람들이 외롭지 않도록 몸을 움직이게 했다. 함께 살기 위해 행동하는 사람들은 자주 사과했다. 이제야 알아서 미안하다고. 난데없는 비상계엄 선포로 시민의 일상을 송두리째 바꿔버린 이들은 제대로 잘못을 뉘우친 적도 없는데, 애꿎게도 민주주의를 지켜야 한다고 나섰던 시민들이 서로에게 미안해하며 탄핵 광장을 지키는 노고를 고마워했다.

나는 우리 당에서 손에 꼽을 정도로 추위를 많이 탄다. 매 순간은 아니었어도 추위를 잊게 해주는 순간이 있다면, 재밌는 깃발을 보는 것과 탄핵 광장에 나온 사람들의 삶을 경청할 때였다. 정당이나 시민단체 소속이 아닌 이들이 옆에 있을 때는 따뜻함을 느끼기도 했다. 핫팩이나 먹을 것을 나누고, 다른 이들의 발언에 추임새 넣듯 작은 목소리로 대답하는 말들이 따뜻했기 때문이다. 함께 경청하며 야유하고 안타까워하고 격려했다. 서로에게 온기를 전했던 따스했던 광장에서 서로의 존재를 온전히 받아들이고 존중하려 애썼다. 그랬기에 자신의 정체성을 드러내는 광장식 자기소개가 탄생했고, 당신이 누구든 존엄하게 함께 살아가길 바라는 사람들이 추위 속에서도 광장을 지켰다. 서로 미워하는 세상이 아닌 곳에서 가장 소중한 나를 사랑하며 살고 싶으니까.

2025.4.4 드디어 국민의 바람대로 헌법재판소 파면 선고가 이뤄졌다.

인연이
우리를
이끌어주기를

내 인생에서 가장 열심히 살았던 때가 언제냐 묻는다면 고민 없이 2011년 25살이었을 때를 꼽는다. 대학 내내 해왔던 자원활동을 업으로 삼아 시민단체 활동가가 되었던 그해 초여름, 내가 담당했던 공부방이 있는 마을에 큰 화재가 났다. 96가구 중 75가구를 다 태워버릴 만큼 끔찍하고 두려운 화재였다. 마을이 있는 곳은 서울 강남구, 마을회관

2023.7.1 재건마을 회관에 걸려있는 25살의 내 모습과 인증샷을 찍었다.

에서 으리으리한 타워팰리스가 보이는 곳에 '재건마을'이라 불리는 판자촌 마을이 있었다.

내 첫 사회생활이자 업무 중 하나가 재건마을에 있는 생긴 지 5년 된 공부방을 관리하는 것이었다. 마을 화재는 공부방이 내 책임이 된 지 4개월이 지났을 무렵 일어났고, 주민들과 쫓겨나지 않으려 아등바등하며 10평도 되지 않는 마을회관 3층에서 집을 잃은 10명의 공부방 학생과 함께 공동생활을 했다. 샌드위치 패널로 임시 집을 지어 아이들이 하나둘 마을회관에서 짐을 빼는 데까지 걸렸던 시간은 6개월, 그 중 약 두 달이 동거 기간이었다. 하루아침에 10

2023.10.25 재건마을 회관에서 보이는 타워팰리스와 재건마을의 판자촌 지붕이 참 대조적이다.

명 학생의 학교생활을 챙기는 보호자가 되고, 딱한 마을 사정을 듣고 도우러 찾아온 이들을 맞이하느라 눈코 뜰 새 없이 바쁜 나날이었다. 말 그대로 치열하게 살았던 기간이었다.

마을회관에서 내 짐도 챙겨 진짜 내 집으로 돌아간 뒤에는 한 달에 여러 번 마을을 찾아가는 일상으로 돌아갔다. 그러다 내 담당 지역이 바뀌었고, 나중에 정당 활동가가 된 뒤에는 더 띄엄띄엄 마을을 찾게 됐다. 오랜만에 만나는 주민들은 항상 등짝을 때리며 반가움을 표현했는데, 해가 갈수록 이빨 빠진 호랑이처럼 기운이 약해진 주민들의 손맛도 매운맛이 빠져나가는 게 느껴져 못내 섭섭했다. 강남의 판자촌 마을 공부방에서 만난 아이들이 성인이 돼 하나둘 결혼하기 시작했다. 오랜만에 결혼식에서 주민들을 만나면 등짝 스매싱과 함께 샘들이 자꾸 제자들을 먼저 시집 장가보내면 어떡하냐는 타박으로 반갑다는 인사를 전했다.

오랜만에 또 한 명의 제자가 결혼 소식을 알려왔다. 2025년 2월, 30대가 된 공부방 제자의 결혼식이었다. 마을에 화재 났을 때 주거 복구하면서 함께 살던 때에는 10대였던 제자가 결혼한다니 감개무량하면서도, 오랜만에 정다운 얼굴들 마주하면서 휴식을 찾고 싶기도 했다. 2024년 12월 3일, 비상계엄 선포 이후에 몸도 마음도 긴장한 상태로 일상을 보내고 있었기 때문이었다. 결혼식을 핑계 삼아 얼굴을 마주하기만 해도 반가운 사람들과 시간을 보내면서 긴장을 조금 내려놓는 시간은 내게도 절실했다. 대통령 탄핵을 촉구하는 집회는 매주 토요일마다 열렸고, 다행히 결혼식은 일요일이었다. 알람도 다 꺼둔 채로 제한 없이 잠으로 체력을 보강하는 것보다 보고픈 사람들을 만나고 싶다는 설렘으로 결혼식장으로 향했다.

······

결혼식이 막 시작했을 때 도착했더니 이미 서서 축하하는 사람이 많을 정도로 많은 하객이 있었다. 신랑 신부가 같이 입장하는 자리에 서 있던 덕분에 입장하기 전 제자와 눈인사를 나눌 수 있었다. 그리고 반가운 얼굴들이 얼마나 왔는지 둘러보기 시작했다. 주거복구 내내 같이 살았던 교사 대표였던 샘도 왔고, 화재 나기 전부터 활동하면서 화재 이후의 변화된 상황을 함께 겪어냈던 샘들의 얼굴도 보였다. 이제 제자라고 말하기도 민망할 정도로 어엿한 어른이 된 제자들과 흰머리가 더 풍성해진 마을 주민까지 만나기를 바랐던 얼굴들이 많이 보여 다행이었다.

신랑 신부가 서로를 아끼는 마음과 그들을 향한 애정 어린 마음들이 느껴져 뭉클해질 즈음, 제자들 주변에 자리가 생겨 함께 앉았다. 오랜만에 만나 서로 안부를 물은 뒤에 누가 부케를 받는지를 물었다. 그랬더니 웃으며 H가 받는다고 알려줬다. H는 공부방 제자인 신랑과 재건마을에서 함께 자란 친구였고, 성인이 된 뒤에는 경북 구미의 같은 일터에서 일하며 긴 시간을 함께 보내는 친구였다. 신부가 결혼을 앞둔 신부의 친구에게 건네는 부케가 아닌, 신랑이 자신의 오랜 친구에게 건네는 부케. 둘 사이의 길고 깊은 우정이 느껴지면서도 당연하고 익숙한 것을 유쾌하게 비틀어 자신들의 방식대로 선택해 살아가고 있구나 싶었다. 아이들에게 문제집 푸는 공부를 가르쳐준 적 없이 공부방 관리가 업무였던 선생님의 알량한 대견함을 사소한 장면에서 느끼며 결혼식 사진도 알차게 남겼다.

뷔페에서 자연스럽게 공부방 테이블이 만들어졌다. 결혼식 사진찍기보다 식사를 택했던 마을 주민들도 모여 있는 우리를 보고선 한마디씩 얹었다. 또 제자를 먼저 보냈다고, 샘들은 언제 결혼하냐고. 그러고선 마을에 꼭 한번 놀러 오라고 당부하며 결혼식장을 떠났다. 이제는 모두 성인이 된, 선생님과 학생이라는 이름으로 연결됐었던 우리는 오랜만에 만났으니 오래오래 놀다가 헤어져야 한다고 의기투합했다. 여전히 아이들이라고 부르는 게 편한 제자들이 집으로 가기 편한 곳이자 예전에 공부방 마친 뒤 샘들끼리 뒤풀이하곤 했던 매봉역으로 향했다.

매봉역의 한 가게에 자리 잡은 후 물었다. 왜 J는 보이지 않느냐고. J와 한 직장에서 일하고 있는 공부방 막내가 답했다. J는 당직이라 결혼식은 못 왔는데, 오후 6시에 일 끝난 뒤 잠시 들르라고 연락하겠다고 했다. 아이들이 성인이 되어 직장 다니고 있는 것도 기특한데, 오늘의 신랑과 H처럼 공부방 막내와 J도 같은 직장에 다닌다고 했다.

공부방 막내는 J와 교대해야 한다며 옮긴 자리에서도 술을 마시지 않았다. 초등학교 다니기 전부터 공부방과 연을 맺은 막내는 항상 공부방 수업을 거부하며 바깥에서 놀곤 했다. 선생님들이 어르고 달래서 공부방으로 데려와도 곱게 수업을 허락하지 않았던 아이, 공부방과 정 붙일 때까지 한참이나 시간이 걸렸던 막내가 자기 일에 책임감을 느끼는 것을 보고 괜스레 감동이 몰려왔다. 일요일에도 출근해야 하는 일터가 궁금해서 물었다. 무슨 일을 하느냐고. "병원 보안팀에서 일해요." 어느 병원인지 캐묻진 않았어도, 일요일에도 당직을 서야 하는 곳이라면 규모가 꽤 큰 곳이지 싶었다. 막내가 일터로 떠나고, 또 다른 보고 싶었던 얼굴인 J도 드디어 도착했다.

모두 알딸딸하게 취해갈 무렵, 자연스럽게 우리의 화제는 그때 그 시절로 흘러갔다. 벌써 14년이나 흘러버린, 마을 화재로 10평도 되지 않는 마을회관 3층에서 선생님들까지 합해 14명 정도가 포개져 함께 살던 그 시절 말이다. 하나둘 당시에는 말하지 못했던 마음들을 꺼냈고, 나도 이야기를 보탰다.

"S가 아픈데도 아프다고 말하지 않아서 얼마나 속상했는지 알아?" 막내까지 직장에 다닐 정도로 모두 성인이 되었으니, 이제야 꺼내는 마음이었다. 당시에는 신경을 곤두서게 하는 일들이 참 많았다. 주거 복구를 감시하며 방해하려고 강남구청이 고용한 용역 깡패가 마을 주변을 어슬렁거렸고, 길어지는 공동생활에 예민해져 주민끼리 언성이 오가는 일도 잦았다. 말수가 적었던 초등학생 S는 자기 생각을 잘 말하지 않았다. 희미하게 웃으며 다 괜찮다고 했던 아이가 배를 자주 만지고 밥도 평소보다 덜 먹기 시작했다. 배가 아프냐고 물었더니 민망한 듯 웃으며 아프긴 한데 괜찮다고 했다. 동네 병원에 다녀와 약을 먹이며 추이를 지켜보던 중이었다. 하루는 S가 배를 잡고 끙끙대며 누워 있었다. 표현도 잘 하지 않는 아이가 아픈데도 참고 있었다. 택시를 타고 큰 병원에 가서 초등학생이 할 수 있는 검사를 했더니, 스트레스 때문에 위염이 심하다고 했다. 마을로 돌아가는 택시 안에서 다음에도 아프면 꼭 선생님한테 말하라는 것 외에 할 수 있는 말이 없었다. 임계점에 달하고 있는 스트레스를 없앨 방법은 공동생활을 끝내는 것밖에 없으나, 그것은 내가 호언장담할 수 있는 일이 아니었으므로. S는 14년이 지나서야 그때 참 힘들었다고 털어놓았다. 언제나 그랬듯, 희미하게 웃으면서.

S보다 한 살 어린 J도 오랜만에 만났는데도 여느 때처럼 말이 없었다. 함께 살 때도 형, 누나들이 뭔가 물어보면 대답만 하는 편이었고, 성인이 됐을 때 마을을 찾아가면 항상 친구들과 약속이 있다며 얼굴도 잘 보여주지 않곤 했었다. J도 형, 누나들과 함께 보낸 시간은 오랜만이었는지 먼저 말을 꺼내진 않아도 자주 웃었다. 다음 날 출근도

개의치 않고 몇 시간을 신나게 웃으며 떠들다 또 같이 만나는 자리를 만들자며 헤어졌다.

……

포이동 인연공부방의 인연들과 오랜만에 만나고 나니 긴 시간 못 만난만큼 여운도 길었다. 무엇보다 공부방 막내가 20대 중반이 될 정도로 긴 시간이 지났다는 것을 놀라워하는 내가 웃겼다. 내가 딱 그 나이 때 예기치 않게 10명의 학부모가 되었던 지난날을 떠올리는 게 '나 때는 말이야' 하는 꼰대가 되어가는 것 아닌가 싶어서. 아주 오랫동안 여운이 남은 대화는 J와 막내가 병원의 보안팀에서 일하고 있다는 것이었다. 병원에 외부인이 무리하게 들어오거나 무슨 일이 생기면 가장 먼저 뛰어가 병원이 제 역할을 할 수 있도록 하는 게 보안요원 아닌가. 몸으로 하는 일을 택한 것이 '공부방에 있을 때 했던 지원 사업 영향이었을까?' 하는 생각이 스쳤다.

공부방을 담당할 때 했던 일 가운데 하나는, 아이들이 하고 싶다고 말한 여행이나 수업을 비용 걱정 없이 할 수 있도록 사회공헌 사업을 하는 재단들의 지원 사업을 찾아보고, 틈틈이 신청서를 넣는 것이었다. 공동생활이 끝난 뒤 발견한 지원 사업이 있었다. '소외아동 지원 사업'이라는 이름으로 아이들이 특기를 가질 수 있는 교육비를 지원하는 사업이었다.

학교 숙제와 공부는 공부방 자원교사가 가르쳐 줄 수 있지만, 공부 외에 예체능 수업을 체계적으로 할 순 없었다. 강남은 줄넘기 수행평가를 위해서도 과외를 하는 곳이다. 지원 사업에 선정된다면 아이들이 학교와 공부방 외의 공간에서도 다양한 경험을 쌓을 수 있는 기회가 될 것 같았다. 지원 사업 대상이었던 초등학생 3명의 의사를 물었다. 1명은 한사코 거부, 1명은 뜨뜻미지근한 동의, 나머지 1명은 적극적으로 해보겠노라 했다.

적극적으로 해보겠다고 한 아이가 J였다. J의 부모님과 같이 상의해서 정한 것이 특공무술 체육관이었다. 땀을 뻘뻘 흘리면서 뛰어노는 것을 좋아했던 J에게 딱이었다. 지원 대상에 선정된 후 J가 다닐 수 있는 체육관을 확정해야 했다. 마을에서 걸어서 3분 거리 체육관에 전화해서 상담을 하고 싶다고 한 뒤 찾아갔다. 지원 사업에 선정됐다고 하더라도 모든 비용을 지원받을 수 있는 것은 아니었다. 매달 학원비로 지출할 수 있는 한도가 정해져 있어 학원비를 상의하는 게 필요했다. 강남에서는 학원비 상담 요청이 흔하지 않으니 거절당할까 걱정하며 체육관을 찾았다. 관장님은 호탕하게 지원 사업으로 결제할 수 있는 만큼의 수강료를 받는 것을 수락했다. J가 원 없이 운동할 수 있는 기회가 주어진 것이었다.

J의 근황이 그때 그 시절을 떠오르게 해 자료를 뒤적였다. 내가 썼던 신청서, 정산보고서, 결과보고서를 보자 다시금 기억이 소환됐다. 2011년 늦은 가을에 신청서를 넣은 뒤 J는 2012년부터 체육관을 다녔다. '최소 3년을 지원 사업으로 체육관을 다녔었구나' 하며 자료를 뒤적이다 저절로 엄마 미소가 지어지는 문구를 발견했다.

나의 다짐 : 공부방 수업을 하고 체육관을 가야 하는데 가끔은 공부방이 너무 재미있어서 체육관에 가기 싫은 날도 있지만 꼭 체육관을 빠지지 않고 열심히 다니겠습니다(공부방 수업이 재밌을 것 같은 날에는 꼭 체육관을 먼저 다녀오고 공부방에 가겠습니다).

어떤 지원 사업이든 지원받는 당사자의 의지가 중요하니 제출해야 하는 서류 목록에 아동의 꿈 실천 계획서가 있었다. 꿈(목표), 내가 해야 할 일(실천 계획), 나의 다짐 항목이 있었는데, 나의 다짐 칸을 채운 J의 말이 너무 귀여워 웃음이 났다. 공부방이 재밌고 좋았구나. 오랜만에 몽글몽글한 기분마저 들었다. 지원 기간이 끝난 이후에는 관장님의 배려로 성인이 될 때까지 돈 걱정 크게 하지 않고 체육관을 다닐 수 있었다는 이야기를 J의 어머니를 통해서 종종 들었다. 오랜만에 마을을 찾아갈 때면 체육관 친구들과 약속이 있어 J를 볼 수 없을 정도로 체육관은 J의 삶에서 중요한 위치가 됐다는 것도 새삼 떠올랐다. J가 체육관을 다닌 지 얼마 되지 않아 공부방 막내도 J를 따라 같은 체육관을 다니게 됐다. 두 사람이 같은 체육관을 다니고, 이제는 같은 직장에서도 일한다고 하니 궁금해졌다. 혹시 어릴 때 운동을 한 게 직업 선택에 영향을 미친 건 아닐까.

궁금한 건 참지 못하는 성미라 J에게 오랜만에 연락해 물었다. 대놓고 그때 지원 사업하길 참 잘하지 않았느냐고 묻는 건 속이 뻔한 일이니 에둘러 물었다. 직장에 취직할 때 오래 운동한 게 유리하게 작용하느냐고. J는 그런 건 없었다고 담백하게 답했다. 다만 어릴 때부터 운동했으니 경비나 경호 쪽 일을 해볼까 생각했었다고. 그 말이면 내게도 충분했다. 뭐 하나라도 아이들에게 좋은 게 없을까 찾아 신청서 쓰고 정산보고서도 쓰는 일이 번거롭고 분주했는데, 그 시간을 참 잘 견뎠다는 걸 실감했다.

꼭 공부가 아니어도 다양한 경험을 해봤으면 하는 마음에 신청했던 지원 사업이었고, 무턱대고 체육관을 찾아갔었다. 천운처럼 만난 좋은 관장님 덕분에 지원이 끝난 뒤에도 J는 꾸준히 운동하며 컸다. J

의 성실한 운동 사랑은 나중에 진로에 대한 큰 걱정과 고민 없이 직
장을 택하는 데까지 이어졌다. 한 아이를 키울 때 온 마을이 필요하
다는 아프리카 속담이 새삼 떠오른 날이었다.

개포4동 1266번지 재건마을, 그리고 포이동 인연공부방의 더 깊은 이야기

재건마을 주민들의 애정 어린 타박도 자연스럽게 받아들이는 관계가 된 것은 2011년이었다. 발달장애어린이와 주말에 놀이프로그램을 하거나 중증장애인이나 홀몸 어르신의 목욕을 도와드리는 자원 활동을 하며 대학 시절을 보냈다. 대학을 졸업한 해였던 2011년은 자원 활동을 '업'으로 삼으며 시민단체 활동가의 삶을 시작한 해였다. 그 해 서울 동작구와 관악구의 발달장애어린이 만나는 활동, 중증장애인 목욕 보조 활동, 그리고 강남구에 있는 포이동 인연공부방까지 총 4개의 자원 활동 운영 책임을 맡았다. 자원 활동가를 모집하고 교육하고, 자원 활동에 참여할 장애인 모집과 활동 관련 소통하는 일 등이 주된 업무였다.

포이동 인연공부방은 재건마을에 살고 있는 어린이와 청소년을 위한 공부방이었다. 재건마을은 강남구 개포동에 있지만, 1981년 허허벌판이었던 곳에 강제이주된 당시의 지명을 그대로 썼다. 박정희 정권에서 넝마주이, 전쟁고아 등 정착하지 못하고 떠돌며 사는 사람들을 관리한다는 명목으로 자활근로대를 만들었다. '국가의 감독 아래 건전한 생활에 힘쓰라'는 취지처럼 자활근로대는 종일 고물을 주운 뒤 그들을 관리하는 사람에게 주운 고물을 내고 무게를 달아야 하루가 끝나는 일상을 살았다.

자활근로대가 한데 모여서 살았던 서울의 야산에서 사고가 끊이지 않자, 국가는 이들을 분리해 관리하기로 했다. 1981년, 40여 명이 어디로 가는지도 모르는 채 어리둥절 실려 온 곳 중 한 곳이 지금의 개포동 1266번지 '재건마을'이다. 전기와 물도 없던 허허벌판을 사람이 살 수 있는 터전으로 만드는 것도 주민의 몫이었다. 그렇게 판자로 만들어진 집들이 모여 마을을 일궜고, 나중에 강남 개발로 떠밀린 사람들까지 더해 모여 사는 판자촌이 되었다.

2004년 부자 동네 강남 타워팰리스 옆에 판자촌이 있다는 사실이 PD수첩을 통해 알려졌다. 정부 정책으로 추진됐던 자활근로대는 1989년에 사라졌다. 주민을 관리감독했던 경찰의 앞으로 맘 놓고 살아도 된다던 그 말을 주민들은 철석같이 믿었다. 고물을 주워다 팔며 서로를 돌보며 살아가던 중 종이 하나가 배달됐다. 서울시 소유의 토지를 무단 점유하고 있으니 토지변상금을 내라는 것이었다. 제대로 교육받은 적이 거의 없는 주민에게는 너무나 낯설고 어려운 단어였다. 국가의 혹독한 관리감독에 익숙한 주민에게는 시키는 대로 하지 않으면 큰일이 날 것 같은 두려움을 안겨 주는 말이기도 했다. 주민을 관리·감독했던 사람에게까지 찾아가 얻은 조언은 한 번만 내면 된다는 것이었다. 고물 주워 어렵게 모은 돈을 토지변상금으로 낸 뒤 그게 족쇄가 될 줄은 꿈에도 몰랐다.

1, 2년에 한 번씩 꼬박 찾아오는 토지변상금은 감당할 수 없을 만큼 커졌고, 잔액이 변변치 않은 통장에도 압류가 붙어 옴짝달싹하지 못하게 만들었다. 그제야 족쇄가 채워진 것을 알게 된 주민들이 대책위원회를 만들었다. 나라가 강제로 살게 했는데, 이제 와 토지변상금을 물려 주민을 내쫓으려 하는 것은 부당하다고 외쳤다. 토지변상금을 철회하고 주거권을 인정하라고 목소리 내기 시작했다. 그러자 화려한 강남에 이질적인 존재인 허름한 판자촌이 과거 독재 정권 정책의 역사까지 안고 있다는 사실이 세상에 드러났다.

2006년 2월, 재건마을의 존재를 알게 된 대학생들이 철거 위협에 놓인 마을 주민과 연대하기 위해서 공부방을 만들었다. 마을에 사는 어린이와 청소년에게 공부를 가르치러 오가는 대학생이 있으면 철거 위협이 덜 할 것이라는 생각 때문이었다. 부의 상징인 강남에서 "학원이 달나라만큼 가고 싶다"라고 말하는 청소년 주민의 바람이 PD수업을 통해 알려졌다. 공부방은 절절한 소망을 품은 청소년에게 대학생이 할 수 있는 연대 방식이었다.

월요일, 수요일, 금요일마다 마을회관과 아무도 살지 않는 한 판잣집에 '작은 공부방'이라는 이름을 붙이고 유치원생부터 고등학생까지 수업이 진행됐다. 자원교사는 일주일에 한 번씩 공부방에 오니 한 아이당 많게는 3명의 선생님이 생기는 셈이었다. 요일마다 오는 선생님이 달라 수업이 끝난 뒤에는 어디까지 진도를 나갔는지 교사일지를 써서 온라인으로 공유했다. 교사일지에는 문제집을 같이 푼 시간보다 함께 노는 시간이 더 많았다는, 한탄 섞인 앙증맞은 고백이 많았다. 수업이 끝난 뒤 마을 주민들이 차려주신 따뜻한 저녁밥을 함께 먹으며 교사들의 우정이 싹트는 시간들을 보냈다.

나는 공부방이 운영된 지 5년이 흘렀을 무렵에 코디네이터로 합류하게 됐다. 자원교사들이 수업 진행에 필요한 것들을 지원하고, 마을 주민과 소통하며 공부방 운영 이외에 주민과 연대해야 할 일이 있는지 수시로 점검하는 일이었다. 이외에도 공부방 수업에 필요한 기자

재나 아이들이 경험해 보면 좋을 지원사업이 있으면 신청서를 작성해 신청하는 일도 많았다. 공부방이 있는 마을의 사연이 기구할 뿐만 아니라 타워팰리스가 바로 보이는 강남의 판자촌이라는 상징까지 더해져 지원하는 족족 선정되는 기쁨도 누렸다.

공부방 운영을 담당한 지 4개월이 막 지났을 무렵인 6월 12일, 대학가를 돌며 발달장애어린이들과 여름캠프를 함께 갈 자원교사를 모집한다는 포스터를 붙이고 있을 때였다. 전화가 왔다. 마을에 큰불이 났다고. 다닥다닥 붙은 판자촌 마을, 불이 나면 큰불로 번질 게 뻔했다. 도시가스가 들어오지 않아서 집과 집 사이에는 가스통도 많았다. 당장 택시를 타고 마을로 향했다. 마을에 가까워지니 검은 연기로 뒤덮인 하늘이 선명해졌다. 13명의 공부방 학생 중 10명의 집을 앗아간 화마는 96가구 중 75가구를 태우고서야 꺼졌다.

삶의 터전이 잿더미가 된 주민들은 쓰라린 마음을 추스르기도 벅찼다. 언제나 주민들을 눈엣가시 취급했던 강남구청은 이때다 싶었는지 주민들을 초등학교 체육관으로 보내려고 했다. 주민들은 한번 마을을 떠나면 다시는 못 돌아온다고 생각했다. 다행히 불타지 않은 마을회관에서 주거복구를 할 때까지 공동생활을 하기로 했다. 주민들의 울부짖는 소리가 잦아든 한밤중까지 자리를 지켰던 자원 교사들과 긴급회의를 했다. 날이 밝으면 아이들이 학교에 가야 할 월요일이 오기 때문이었다. 교복도, 체육복도, 책가방도 다 타버렸으니, 학교에 가기가 난망했다. 그런데 학교에 못 가는 시간이 길어질수록 재건마을에 사는 것이 탄로 나기 십상이었다. 아이들의 첫 번째 일상 회복은 학교에 보내는 것, 학교에 갈 준비를 위해서 날이 밝는 대로 후원받기 위한 준비를 마치기로 했다. 하룻밤 사이 10명 학생의 학부모 역할을 자처해야 했던 나와 몇몇의 자원교사들은 두 달이 넘는 시간 동안 10평도 되지 않는 마을회관 3층에서 집을 잃은 아이들과 동고동락했다. 오랜만에 만나는 주민들의 등짝 스매싱을 '보고 싶었다.'는 애정으로 받아들이게 된 시간을 그때 쌓았다.

매봉역 4번 출구로 나와서 양재천의 구름다리를 지나면 서울남부혈액원 옆 재건마을이 있다. 2011년 화재 이후 마을의 풍경은 달라졌다. 불타지 않은 집은 예전 그 모습대로 남았지만, 이제는 샌드위치 패널로 만든 임시 집의 수가 판자집보다 많아졌다. 화재 이후에 재건마을 부지 계획이 몇 번 발표됐지만, 상황은 변화가 없다. 언제까지 임시로 살아갈 순 없는 마을 주민은 서울시와의 대화를 간절히 기다리고 있다.

괜찮지
않습니다

고양시에서 살 때 페미니즘 활동으로 만난 친구의 짧은 공연을 보러 가기로 했다. 비상계엄을 선포한 대통령은 파면됐고, 새로운 대통령도 뽑았으니 친구들을 만나는 일상도 시작된 것이었다. 목적지는 우리 집 근처 지하철역에서 8개 역을 지나면 있는 친구가 사장인 동네 서점이었다. 북토크 사전 행사라 시간에 맞춰 도착해야 공연을 볼 수 있었다. 부랴부랴 서둘렀던 발걸음이 무색하게 눈앞에서 지하철 문이 닫혀 버렸다. 3호선 대화행 다음 열차 시간표를 확인하고는 초조해졌다. 3분 정도는 늦을 것 같은데, 짧은 공연이라고만 들었고 몇 분짜리 공연인지 물어보지 않았기 때문이었다. '설마 공연이 3분 안에 끝나진 않겠지' 생각하며 서둘러 갔다.

잰걸음 덕분이었는지 늦은 시간은 딱 2분, 이미 공연은 시작됐고 얼마 남지 않은 빈 의자에 앉았다. 노래나 춤 같은 일반적인 공연은 아니었다. 나레이션과 움직임으로 메시지를 전하는 공연이었다. 시작 전 소개를 듣지 못했으니 움직임으로 주제를 파악해야 했다. 가만히 집중해서 보다가 한 동작에 정신이 번쩍 들었다. 심폐소생술을 하는 듯한 동작이었다. 나레이션이 자막으로 나오는 화면에는 동영상이 나오고 있었다. 공연 전 움직임 워크숍을 했던 장면이었는데, 장소가 이태원 해밀턴 호텔 옆 '기억의 거리'였다. 10.29 이태원 참사가 주제인가? 예상치 못한 주제를 준비 없이 맞닥뜨려서인지 당혹스러웠다. 옆자리에 앉은 처음 본 사람에게 귓속말하듯 소곤대며 물었다.

"제가 조금 늦어서 공연 시작 전 설명을 못 들었는데, 혹시 공연 주제가 이태원 참사인가요?"
"아… 아무 설명 없이 바로 공연이 시작됐어요."

그는 공연자가 주제를 밝히지 않았다는 것만 답했다. 공연의 주제와 메시지를 자기식대로 해석하는 건 관람자의 몫이라는 듯이. 괜히 그에게 스포일러가 된 것 같았다. 당혹스러웠던 건 이태원 참사 때문이 아니었다. 심폐소생술 하는 동작을 보는 순간 이태원 참사가 떠올랐고 동시에 울컥했다. 이태원 참사를 연상시키는 동작 하나에도 신호를 보내는 몸 때문에 당혹했다. 나는 이상 신호가 몸으로 표현되곤

하는데, 울컥하는 그 신호는 분명 내 상태가 괜찮지 않다는 것이었기 때문이다. 공연 며칠 전 이태원 참사 현장에 출동했던 소방관이 생을 마감했다는 소식에 마음이 오랫동안 가라앉았던 것도 떠올랐다. 많은 이의 상처가 현재진행형임을, 참사 현장에 있었던 사람들과 감히 비교하기 어렵겠지만 내게도 아픔으로 남아 있다는 것을 인정해야 했다. 찰나에 몸으로 신호를 보낼 만큼의 아픔은 아마도 몇 개월 동안 참사를 마주해야 했던 그때 쌓였을 것이다.

······

2022년 8월에 나는 기본소득당 대변인이 됐다. 2년의 당 대표 임기를 마친 뒤 새로운 도전이었다. 당 상황에서도 새로운 변화였다. 매일 현안에 대한 당 입장을 발표하고, 기자와 원만한 관계를 맺기 위해 일상을 보내는 게 일반적인 원내정당 대변인의 역할이다. 창당한 지 얼마 지나지 않아 원내정당이 된 기본소득당은 재정이 넉넉지 않았고, 당직자도 많지 않았다. 국민에게 알려지기에 효과적인 전략을 짜 국회 의정활동을 계획해야 했고, 어엿한 정당으로서 꼴을 갖추기 위한 조직도 짜야 했다. 게다가 창당 직후 2021년 서울시장 보궐선거와 2022년 대통령선거, 2022년 지방선거까지 쉼 없이 선거를 치르며 당과 기본소득을 알려야 했다. 적은 인원이 해야 할 일이 많으니 일반적인 원내정당의 대변인 역할에만 집중할 수 있게 역할 배분할 여력이 없었다. 창당한 지 2년 반이 지나서야 새롭게 변화를 시도해 보기로 한 것이었다. 여력이 없는 것은 여전했기에 여러 명의 대변인단을 꾸릴 순 없었고, 나 혼자 책임을 맡아야 했다.

대변인이 된 시기는 윤석열 정부 임기 초반이었고, 용혜인 의원의 국회 상임위원회가 기획재정위원회에서 행정안전위원회로 변경된 때였다. 기본소득은 국가 재정과 깊이 연관이 있기에 상임위원회 변경을 원치 않는다는 의견을 강력하게 전해도 봤다. 하지만 비교섭단체

2022.8.1 기본소득당 대변인으로서 국회 소통관에서 첫 브리핑을 했다.

의원의 상임위원회 결정은 국회의장의 몫이었고, 흔쾌히 상임위원회를 변경해 주겠노라고 나서는 정당과 의원도 없어 우리의 의견은 받아들여지지 않았다. 2년 동안 적응하며 감을 익힌 공간을 벗어나 새롭게 시작해야 했다. 의원실 보좌진들은 당장 매년 10월에 진행하는 국정감사를 새로 준비해야 했고, 국정감사에서 지적하거나 새롭게 밝힌 내용이 언론에 잘 실리도록 상임위원회 담당 기자와 연을 맺고 보도 기획까지 할 여력이 없었다. 보도 기획은 대변인으로서 내가 해내야 할 과제가 되었다.

참사가 줄줄이 이어졌다. 8월에는 폭우로 서울 반지하 집에서 거주하는 시민이 숨졌고, 9월에는 신당역에서 여성 역무원이 스토킹 가해자에게 살해됐다. 지방자치단체가 재난 안전에 잘 대처했는지, 경찰이 범죄 예방과 피해자 보호를 잘했는지를 살피는 것은 행정안전위원회가 제대로 짚어야 할 사회문제였다. 기본소득당은 창당할 때부터 성평등을 강조한 정당이었고, 용혜인 의원은 국회 여성가족위원회 위원도 겸하게 된 시점이었다. 신당역 스토킹 살해사건 직후 오랫동안 스토킹을 당해온 여성이 일하던 중에 살해당한 충격에 빠져있을 틈도 없이 의원실로 기자의 전화가 쏟아졌다. 대부분은 스토킹 범죄와 관련된 자료를 요청하며 보도 논의를 하자거나 이미 받아둔 자료가 있는지 묻는 것이었다. 우리 사회가 스토킹 범죄에 얼마나 허술하게 대응하고 있는지 제대로 알려내고 문제점을 보완하는 것이 정치권에서 해내야 할 역할이었다. 신당역 스토킹 살해사건이 여성 혐오 범죄가 아니라고 말해 공분을 산 여성가족부 장관과 정부에게도 명백한 자료로 젠더 기반 폭력이라는 점을 보여주며 마땅히 해야 할 일을 하게 만들어야 했다.

아직 기자와 보도 논의를 해나가는 게 익숙하지 않은 시점이었지만, 명백한 자료와 개선점을 효과적으로 언론을 통해 세상에 내놓기 위해서 당장 변화가 필요했다. 의원실에서는 스토킹 범죄나 교제 폭력 등 여성 폭력 문제를 짚는 국정감사를 준비하던 중이었기에 이미 자료를 받았거나 요청한 자료를 기다리던 중이었다. 2016년 강남역 여성 살해사건 이후 페미니즘 리부트를 경험한 이들이 보좌진으로 있었기에 미리 준비할 수 있었던 것이다. 도착한 자료부터 언론에 잘 내보내 보기로 했다. 어느 언론사와 어떤 자료와 메시지 중심으로 단독 보도 논의를 하고 있는지 내용부터 보도 시점까지 컨트롤하는 일을 시작했다. 한 건이 단독 보도되면, 다른 언론사에서도 보도된 자료를 받고 싶다고 연락이 왔고, 다른 내용의 보도를 또 기획하는 일들이 국정감사가 끝날 때까지 쭉 이어졌다. 스토킹 범죄를 신고해도 피해자 보호조치가 허술할 뿐만 아니라 가해자들에 대한 구속영장 청구가 수두룩하게 기각되고, 가해자들이 솜방망이 처벌받는 현실을 그렇게 알려냈다.

......

2022년 10월 28일 금요일에는 오랜만에 친구들도 만났다. 상임위원회가 바뀐 뒤 보도 기획이라는 새 역할도 하며 국정감사를 무사히 끝냈으니 내게도 휴식 같은 시간이 필요했다. 홍대 인근에서 할로윈 분위기를 만끽하며 새벽까지 친구들과 시간 보낸 여파로 다음 날 일찍 잠들었던 무렵이었다. 핸드폰 진동이 계속 울려 깼다. 핸드폰을 열어보니 업무 메신저가 소란스러웠다. 이태원에서 사망한 사람의 숫자가 계속 늘고 있었다. '압사'라는 말에서부터 처절한 고통이 느껴졌다. 이태원에 자주 가는 친구들에게 어디냐고 연락하며 초조하게 답을 기다렸다. SNS에서 계속 이태원을 검색했다. 이태원의 사진과 영상의 고통을 보면서도 내가 할 수 있는 일이 없어 무력하게 그저 지켜볼 뿐이었다. 더 이상 사망자가 나오지 않길 바라면서. 하지만 159명이 별이 된 10.29 이태원 참사가 되어버렸다.

참사가 일어난 주말이 지나자마자 다시 참사 대응이 시작됐다. 이 역시 행정안전위원회에서 철저히 다뤄야 할 참사였기 때문이었다. 기자의 전화도 다시 쏟아졌다. 의원실 보좌진들은 국정감사할 때처럼

2022.11.6 기본소득당 당원들과 이태원 참사 현장을 찾아 추모의 시간을 가졌다.

관계기관에 자료요청을 했다. 그런데 며칠이 지나도 자료가 오지 않았다. 심지어 요청한 자료가 여당의 다른 의원실 출처로 보도되고 있는데도 우리 의원실에는 자료가 오지 않으니 황당했다. 잘못을 축소하고 싶은지 야당엔 자료를 천천히 주라는 등 부당한 지시들이 오고 가고 있는 건지 의심됐다. 행정안전위원회 전체회의가 열렸을 때 생중계되는 현장에서 용혜인 의원이 이 문제를 지적하니 그제야 자료를 보내주기 시작했다. 자료를 분석해 기자와 보도 논의 방향을 잡는 것이 다시 나의 일이 되었다.

퇴근 시간이 가까워질 무렵 의원실에 있는 내 자리에서 실랑이 끝에 도착한 자료를 열었다. 10월 29일 이태원 참사 현장에서 112와 119로 신고했던 녹취록이었다. 112에 사고가 날 것 같으니 조치가 필요하다고 최초 신고 접수된 시간은 18시 34분, 119로 호흡곤란 등의 구조요청이 들어오기 시작한 것은 22시 15분. 몇 건의 신고 녹취록을 읽다가 멈추고 업무 메신저에 글을 올렸다. 웬만하면 이 파일을 열어보지 말라고. 너무 슬프다고. 읽기만 해도 고통이 전해져 눈물이 쏟아지려고 했다. 10월 29일 22시 15분부터 30일 0시 56분까지 신고된 녹취록은 87건이었는데, 비명소리와 신음소리가 기록된 신고는 12건이었다. 말할 여력이 없을 만큼 고통스러웠던 현장의 소리가 글자로 박혀 음성 지원이 되는 것처럼 생생하게 들려왔다. 현장의 긴박함과 처절함이 너무 절절해서 더 읽을 수 없었다. 앞과 뒤만 주로 살핀 후에 파일을 닫고 담당 비서관에게 의견을 전했다. 수많은 시민들이 이미 움직이지 못하는 사람들을 살리려 했었고, 손이 부족하니 사람 좀 많이 보내달라는 신고가 반복됐다는 점이 눈에 띈다고. 각 신고의 시점과 소방청 대응 일지를 비교해 기자와 소통하는 게 좋겠다고. 진정되면 다시 읽으려고 신고 녹취록과 소방청 대응 일지, 소방 무전 기록을 인쇄해 집으로 들고 왔다. 집에서는 얼마든지 울면서 봐도 되니까. 모두 아픈 가슴을 움켜쥐고서 참사 대응을 하고 있는 걸 알고 있는데, 펑펑 울면서 일하는 모습을 보이면 다들 참고 있는 무언가를 건드릴 것만 같았다.

다음 날 집에 와 고통스럽게 한 장 한 장을 넘기며 신고 기록을 읽었다. 집사가 울면 귀신같이 알고 달려오는 고양이 지오를 쓰다듬으면서 끝까지 읽었다. 참사 소식을 듣자마자 그 혼란스러운 현장을 찾아갔다던 유가족의 얼굴도 떠올라 다 읽고 난 뒤에도 한참을 꺼걱댔다. 아무리 슬퍼도 진상 규명에 필요한 자료를 분석해야 했다. 계속 집사 옆을 지키는 지오가 깔고 앉아 있던 소방 대응 일지와 무전 기록을 펼쳤다. 정부에서는 참사를 인지하고 잘 대처했으며, 어떤 참사보다 대통령실에서 기민하게 움직였다고 하는 말에 반박하는 글을 언론에 기고하기로 했기 때문이었다.

소방의 무전 용어를 익혔다. 경인은 경찰, 비발은 출동, 비착은 도착, 사류은 알았냐고 묻는 말이고, 사칠은 알겠다고 대답하는 말이라는 것. 소방 무전 기록은 이태원 참사 현장과 119신고센터, 그리고 의료진과 관련된 부처까지 소통한 기록이었다. 무전용어로 용산하나였던 용산소방서장은 몇 차례나 경인 비발, 즉 경찰 출동을 요청했다. 재난 시 동원되는 의료진인 DMAT도 요청해 달려오고 있었으나 참사 현징 일대 교통이 엉망이라 접근하기가 어려운 상황이었다. 소방과 의료진이 사람을 구조할 수 있도록 교통 통제하는 역할로 경찰 출동을 수차례 요청한 기록이었다. 그리고 대통령실이 기민하게 대응했다는 지시들은 이미 소방이 그 전에 대처한 내용이었기에 대통령실의 뒷북 지시를 지적하는 기고문을 써 보냈다. 무능한 것은 행전안전부와 대통령실이었는데, 애먼 용산소방서장을 경찰이 입건했다는 건 진상 규명도 제대로 하지 못하는 무능을 보여줄 뿐이라고.

······

2022년 11월 24일, 국회에 용산 이태원 참사 진상 규명과 재발 방지를 위한 국정조사특별위원회가 출범했다. 원래 비교섭단체 의원은 1명만 위원이 될 수 있었으나, 민주당의 1명 위원 몫을 비교섭단체 몫으로 돌려주었기에 용혜인 의원도 위원이 될 수 있었다. 위원회가 출범하기 전부터 행정안전위원회에서 이태원 참사 관련 목소리를 내며 진상 규명에 꼭 힘을 보태고 싶다고 말했기 때문이기도 했다. 용혜인 의원은 세월호 참사 당시 '가만히 있으라' 침묵 행진을 제안한 당사자였고, 당직자와 의원실 보좌진 중에서도 '세월호 세대'가 많았다. 우리는 참사 대응에 진심이었고, 장장 10명이 국정조사에 집중하기로 했다. 대통령실, 경찰, 소방, 행정안전부, 용산구청, 의료진, 참사대응기구 및 매뉴얼 등 집중해서 파헤칠 분야의 담당자를 뒀고, 나는 이번에도 언론 대응을 맡았다.

본격적으로 국정조사특별위원회가 청문회와 공청회 등을 시작하기 전에 기자간담회를 하기로 했다. 큰 정당에서는 정기적으로 기자간담회를 진행하지만, 작은 정당인 기본소득당 입장에서는 드문 일이었다. 우리는 이태원 참사를 깊숙이 들여다보기 위해 노력한 시간이 길지만, 기자들은 참사 외에도 국회 현안을 챙겨야 했기 때문에 우리만큼 집중할 시간이 없었다. 지금까지 밝혀진 진실과 국정조사를 통해 더 밝혀야 할 과제를 분야별로 발표하고, 의견을 나누기로 했다. 이해의 정도가 어느 정도 같아야 국회에서 하는 질의가 제대로 언론 보도될 것이라 생각했기 때문이었다. 참석자가 적어서 하나 마나 한 간담회가 되면 어쩌나 걱정하는 목소리도 있었지만, 행정안전위원회로 옮긴 뒤 언론과 적극적으로 소통하며 보도 기획해 온 결과가 어느 정도인지 확인해 보는 자리로 삼자고 설득했다.

정부 여당이 진상 규명을 방해하거나 협조적이지 않았기 때문에 우리가 어떤 전략으로 국정조사에 임할 것인지 궁금했던 기자들이 예상보다 많이 간담회에 참석했다. 취재 때문에 참석 못 한 기자들은 간담회 자료를 따로 요청하기도 했다. 국정조사에 대한 언론의 관심이 떨어지면 국민에게도 닿을 통로가 빈약해질 수밖에 없었다. 더 많은 국민이 이태원 참사를 기억하고 진상 규명의 목소리를 함께 낼 수 있도록 치열하게 언론과 소통하며 55일을 보냈다.

선명히 기억한다. 중계하는 카메라 수가 줄고, 기자들마저 국정조사 현장을 떠난 저녁 시간이 되면 태도가 변했던 증인과 참고인들을 말이다. 보는 눈이 많을 때는 책임을 통감한다고 말했던 그들은 저녁만 되면 뻣뻣한 태도로 인정할 수 없다고 당당하게 외쳐댔다. 질문하는 의원이 여당인지 야당인지에 따라서도 태도가 바뀌었고, 여당 의원들은 윤석열 정부 실책을 가리려 끝없이 증인과 참고인을 이용해 정쟁을 하려 들었다. 참사가 기획됐을지도 모른다며 음모론을 제기했던 정부 여당은 유가족을 향한 2차 가해인 모욕 역시 방조하거나 선동했다. 정부를 방탄하려 해도 결코 가릴 수 없었던 진실들은 지금도 드러나고 있다. 여전히 치유하지 못한 상처들까지도 말이다.

2025년 4월 4일 피청구인 대통령 윤석열이 파면됐던 날, 헌법재판소 앞에서 판결을 기다렸다. 전원일치로 파면이 선고되자마자 울음이 터졌다. 파면 선고에 이르기까지 해왔던 고생을 비롯해 불안과 초조함으로 견뎌온 시간들이 주마등처럼 지나갔던 탓이다. 당원들과 얼싸안고 기뻐하며 너무 고생했다며 다독이고 있을 때, 이태원 참사 유가족협의회 운영위원장이 무대에 올랐다. 이태원 참사 진상 규명의 첫걸음은 윤석열 정권 퇴진이었다고 하는 말 속에 참사 이후에도 치유되지 않고 덧난 상처와 아픔이 느껴져 한참을 더 울었다. 참사 대응할 때 가까이서 뵈면서 얼마나 간절히 진상 규명을 원했고, 깊이 상처받고 있는지 지켜봤던 시간이 스쳤기 때문이었다.

심폐소생술 하는 동작은 그날 녹취록으로 읽었던 신고 기록을 떠올리게 했다. 절절한 구조 요청과 진땀 흘리며 구조했던 사람들의 시간이 너무나 아팠던 기록들. 읽는 것조차 버거웠던, 그날의 기억을 안고 나아질 기미 없이 살아간 사람들이 있었다. 그날 현장에 있었던 생존자들과 고군분투했던 소방관들은 참사 이후에 생을 포기하기도 했다. 이태원 참사 관련 희생자 수는 조용히 늘고 있었다. 참사 대응을 위해 여러 자료를 본 내가 괜찮지 않다는 신호를 느끼는 것이 송구할 정도로.

공연을 본 뒤 다음 일정이 있어 공연한 친구와 제대로 대화도 하지 못한 채 자리를 떴다. 얼마 뒤 추석을 맞아 이태원 참사 유가족들과 추석 상차림을 하는 자리가 있었다. 그 자리에서 내가 본 공연에 대해 말씀해 드렸다. 사람들은 여전히 자기가 있는 자리에서 자신이 할 수 있는 방식으로 이태원 참사를 기억하고 있다고. 긴 연휴 동안 공연한 친구를 만날 기회가 있었다. 친구는 공연 전에 했던 움직임 워크숍이 이태원 참사를 주제로 공모한 예술 사업 중 하나였고, 그걸 공연한 것이었다고 말해주었다. 추석에 만난 이태원 참사 유가족에게 내가 봤던 공연을 말씀드렸다고 했더니, 외려 내게 유가족께 알려주어서 고맙다고 했다.

　함께 기억하고 있다는 것만으로도 서로 고마워하는 존재들은 여전히 참사로 경험한 아픔 때문에 괜찮지 않은 사람들일지도 모른다. 우리가 괜찮아질 수 있는 날이 언제일지 혹은 올 수 있을지 알 수 없다. 그저 2차 가해에 대한 두려움이나 아픔 없이 아직도 괜찮지 않다고 이야기할 수 있는 사회가 되기를 간절히 바랄 뿐이다.

임신 가능성 있으세요?

2024년 12월부터 2025년 봄을 맞이하기까지 마음뿐만 아니라 몸이 무리하는 시간을 보냈다. 추위에도 잔뜩 웅크린 채로 광장에서 많은 시간을 보냈기 때문이었다. 살기 위해 하루에 몇 분이라도 했던 운동을 할 여유가 없었다. 불면이 심해져 개운하게 일어나는 일은 드물었다. 쥐꼬리만큼이던 입맛마저 사라지니 끼니를 때우듯 식사했고, 영양도 무너졌다. 여파는 역시나 몸으로 왔다. 대통령선거까지 치르고 나니 잠이 쏟아졌다. 일어나 움직이려고 하면 어지러워 움직일 힘이 없었다. 생리통은 심해졌고 평소보다 기간도 길어졌다. 그렇게 비실비실한 채로 3주를 흘려보내고 병원에 갔다.

어느 병원을 가야 할지 망설이다가 산부인과에 갔다. 어지럽고 기운 없는 게 심해진 건 생리 전후 기간이었기 때문이었다. 상담받고 검사를 진행하려는데 의사가 물었다. "임신 가능성이 있으세요?" 가임기 여성이라면 병원에서 자주 듣는 질문이다. 좋지 않은 자세로 일해서인지 목과 어깨를 치료하기 위해 연례행사처럼 가는 병원에서도 받았던 질문이다. 그때는 혹시나 임신을 했다면 X-ray 촬영하기 전에 다른 조치가 필요하니 임신 여부를 미리 알려달라는 안내문이 있어서 그러려니 넘어갔다. 감기나 몸살 때문에 찾은 병원에서도 임신 가능성을 묻는다. 그때도 처방하는 약이 임신 여부에 따라 달라지니 묻는 것이라 생각하고 넘겼다. 그런데 산부인과에서 그 질문을 받으니 느낌이 달랐다. 없다고 대답하긴 했지만, 순간 무엇이라 답변해야 할지 망설이는 날 발견했다.

며칠 뒤 검사 결과가 나왔다. 자궁의 혹은 조금 더 자랐고 염증이 재발했다. 이것 때문에 생리통이 심해질 순 있으나 어지럽거나 기운이 없는 건 다른 이유일 수도 있으니 일단은 철분제를 먹는 게 좋겠다는 조언도 받았다. 너무나 피곤한 일상을 오랫동안 보냈으니 자연히 염증이 도졌을 거고, 제대로 챙기지 않은 식사도 문제가 됐다. 뭐 먹을 것이냐고 물으면 단백질이라고 답할 만큼 식사 메뉴의 영양도 신경 썼더니 어지러웠던 증상은 점차 가라앉았다. 몸도 차츰 회복되어가니 다시 고민할 여유도 생겼다. 임신 가능성 질문에 말문이 막혔던 이유에 대해서.

　　탄핵 광장에서 성평등 관련된 이야기를 많이 들으니 오랜만에 성평등 감수성이 발동되는 건가 싶기도 했다. 헌법재판소 판결로 파면된 정부는 성평등 정책에 적대적이었다. 젠더 기반 폭력이나 구조적 성차별도 부정하는 정부를 비판하기 바빠서 일상의 성평등 감수성을 확장할 여유가 없었다. 산부인과에서의 질문은 그간 정부에서 출생률을 높이겠다면서 여성을 출산도구처럼 취급했던 정책을 떠올리게 했다. 박근혜 정부는 각 광역단체에 가임기 여성이 몇 명이나 사는지 조사해서 가임기 여성 지도를 그렸고, 윤석열 정부 당시 여당이었던 국민의힘에서는 20대에 아이 셋 낳은 남성의 병역을 면제하는 정책을 검토하다 논란이 돼 철회했다.

　　여성을 출산도구 취급하는 정부를 경험하다보니 산부인과에서의 임신 가능성 질문이 내게 임신할 능력이 있는 건지 묻는 것처럼 다가와 불편했다. 그 질문이라면 산부인과에서 내게 답해줘야 하지 않나 싶은 의구심도 들었다. 임신 능력을 묻는 게 아니라 향후 치료와 처방과 관련된 질문이라면 '지금 혹은 조만간 임신 계획이 있나?'라고 묻는 게 정확한 질문일 것이다. 그럼 망설이지도 않고 없다고 답할 수 있었을 텐데, 왜 임신 가능성이 있냐고 물을까?

돌이켜 생각해보면 모든 병원에서 토씨 하나도 다르지 않은 같은 질문을 한다. 그렇다면 의료계에서도 오랫동안 고민해 질문을 통일했다는 의미이기도 하다. 임신 계획이 아닌 임신 가능성을 묻는 이유는 계획하지 않았다고 하더라도 임신을 할 수 있기 때문일 것이다. 당장 임신 계획은 없었어도 계획하지 않은 임신 사실을 알게 되었을 때 여성은 아이를 낳겠다는 결정을 할 수도 있다. 의료계의 공통된 질문을 선의로 해석해보자면, 계획하지 않은 임신일지라도 출산을 선택할지도 모를 여성을 위해 만약을 대비한 질문일 것이다. 혹은 선의가 아닌 어떤 편견이 깔린 해석도 가능하다. 가능성이 있어 임신한다면 어떤 선택 권한도 없이 낳아야 한다는 편견이나, 여성은 낳는 선택을 한다는 편견 말이다. 선의든 그렇지 않든 효율 등을 따져 임신 가능성을 묻는 짧은 질문에는 원치 않은 임신을 하더라도 출산한다는 전제가 되어 있다고 느꼈다. 그 속에 낳지 않을 권리는 없는 것 같은.

헌법재판소가 낙태죄에 대해 헌법불합치 판결했던 2019년 4월, 나도 헌법재판소 앞 현장에 있었다. 그날도 참 어수선했다. 헌법불합치 판결을 환영하는 인파와 반대하는 인파가 길 하나를 사이에 두고 있었으니 말이다. 여성의 임신 중지는 존중받아야 할 자기 결정이며, 임신 중지로 처벌받아서는 안 된다는 판결이 내려지자 낙태죄 유지를 원하는 세력은 우리를 향해 '살인자'라는 망언으로 비난을 퍼부어대기 시작했다.

2020년 말까지 헌법불합치를 메우기 위한 대체 입법을 해야 했고, 정부는 2020년 11월 모자보건법 개정안을 입법 예고했다. 내용은 임신 중지가 가능한 기간을 임신 24주 이내로 하고, 임신 14주차 이전의 임신 중지는 처벌하지 않는다는 것이었다. 사실상 낙태죄를 유지하는 법안이었기 때문에 낙태죄 전면 폐지를 요구하는 집회가 열렸고, 기본소득당도 참여했다. 이날도 소위 맞불 집회가 열렸는데, 아주 성능 좋은 앰프로 '페미니즘 정신병'이라는 악다구니를 집회 내내 들어야 했다. 그저 혐오하며 욕하고 싶어서 나온 이들이 배설하듯 뱉어내는 말들이 스쳐간 귀를 깨끗하게 씻고 싶다는 생각이 간절했다. 이들 중 일부는 집회 끝난 뒤 행진할 때도 스토킹하듯 쫓아다니며 집회 참가자들을 괴롭혔다.

국회 정문 앞 횡단보도에는 한 할아버지가 평일 점심시간마다 마이크를 잡고 "낙태는 살인"을 외친다. 언제부터 시작했는지 알아본 적은 없지만, 적어도 기본소득당이 원내정당이 된 2020년부터 지금까지 한결같이 그 시간 그 자리를 지킨다. 혀 내두를 만큼 성실하게 말하는 그 소리가 듣기 싫어 그 횡단보도 대신 다른 길을 선택했던 적도 있다.

　여성의 임신 중지를 보장하는 정책은 몇 년째 공전 중이다. 어떤 이유로 임신했든, 아이를 키울 사회경제적 조건이 준비되지 않았든 무조건 낳아야 한다고 강요하는 말들도 몇 년째 반복해 듣고 있다. 여성을 출산도구로 취급하는 정책과 맞물리는 말들이 난무하니 자연스레 의심도 피어난다. 임신 가능성을 묻는 질문에 혹시 계획하지 않았거나 원치 않는 임신을 했더라도 낳지 않을 권리는 없다는 것이 내포된 것은 아니냐고 말이다.

······

　의사의 의례적인 질문 하나에 꼬리에 꼬리를 물고 생각이 펼쳐진다. 나도 참 피곤하게 왜 이렇게 깊숙이 접근하고 있지 싶으면서도 그간 쌓인 게 많았나보다 넘어가며 계속 생각한다. 문득 2024년 여름에 알려진 '캣 레이디' 논란도 떠올랐다. 미국 공화당의 밴스 부통령 후보가 과거 해리스 부통령 등 민주당 여성정치인들을 공격하며 "자녀도 없이 고양이나 키우는 비참한 삶을 사는 여성들은 나라의 미래도 비참하게 만들고 싶어 한다"고 말했던 게 미국 대통령선거를 앞두고 다시 논란이 됐다. 자녀도 없이 고양이 키우는 나의 삶을 비참하다고 비하하는 듯해 기분 나빴고, 자녀가 없는 사람들은 미래를 걱정하지 않아도 되니 나라를 망치려 든다는 식의 망언에는 기가 찼다. 이런 망언을 접할 때마다 헛웃음이 나오는 동시에 오기도 생긴다. '백날 애 낳으라고 이딴 식으로 말해봐라, 내가 고양이랑 살지' 같은.

내가 처음으로 공직 선거에 출마했던 때가 2014년, 만 26세였다. 그때 잠깐이라도 이야기 나눌 틈이 있을 때 만난 시민들이 내게 가장 많이 했던 질문은 결혼했느냐는 것이었다. 나는 공약 이야기를 하고 싶은데, 젊은 후보를 본 유권자에게는 나의 결혼이 가장 큰 관심사였다. 웃으며 아직 안 했다고 대답하면, "결혼부터 하고 출마해야지" 하는 답이 돌아오곤 했다. 당시 대통령은 비혼 여성이었으나, 결혼도 안 하고 아이도 낳지 않은 사람은 인생을 모르고 정치하기에 부족하다고 생각하는 인식은 달라지지 않았다는 걸 여러 차례 느꼈다. 요즘은 사생활 관련 질문을 하면 매너가 없다는 인식이 자리 잡은 탓인지 예전만큼 대놓고 결혼 여부를 묻는 건 줄었다. 혹은 내 나이 정도 되면 으레 결혼했을 거라 짐작해서 안 묻는 걸지도 모른다. 결혼과 출산 여부가 인생을 아는 척도가 되고 나라 미래를 걱정하는 자격이 된다고 생각하는 이들은, 결혼하지 않았거나 자녀가 없는 종교인들에게는 인생과 미래를 말하기 전에 '결혼과 출산부터'라는 기준을 똑같이 적용하지 않을 것이다. 지지하지 않는다는 표현을 에둘러 결혼과 출산을 빗대어 말하는 것인지, 젊은 여성 정치인에게만 정치인의 자격으로 결혼과 출산의 잣대가 더 강하게 작용하는 것인지는 아직도 궁금한 부분이다.

'캣 레이디' 망언이 참 나쁜 이유는 다른 이의 삶을 함부로 평가하고 짐작해서다. 나만 하더라도 고양이를 키우고 난 뒤 내가 돌보는 생명에 대한 책임감을 느꼈고, 나이 든 생명을 돌보는 문제라거나 기후 위기에 해가 되지 않는 방식으로 돌보는 방법에 대해 고민하기 시작했다. 시민단체나 정치활동 하면서 만난 사람들에게서 세상을 배우기도 하지만, 고양이와 함께 살면서도 인생을 배우는 중이다. 저마다 인생의 배움을 주는 존재는 다양하다. 제 삶의 어떤 장면에서든 배움을 찾는 사람과 그렇지 못한 사람이 있을 수는 있다. 그런데 자신이 정상적이라고 판단하는 기준을 두고 거기에 해당하지 않으면 비참하다고 비아냥대는 것은 다른 이의 삶 자체를 존중하지 않는 것이다. 특히 정치인의 나쁜 말들은 항상 누군가를 미워하도록 혐오를 선동하기 때문에 심각한 문제로 봐야 한다.

최근 결혼했더라도 비출산을 선택한 친구들의 이야기를 들어보면 국가와 정치에 대한 불신이 담겨 있다는 걸 느낄 때도 많다. 참사가 일어나도 책임을 회피하는 정부의 모습을 봤고, 자녀 세대가 오랫동안 살아갈 기후위기 시대를 극복하기 위한 정책이나 의지도 정치에서 보기 드물다. 부모의 결정으로 태어난 아이가 살아갈 세상이 지옥 같은 걸 뻔히 아는데, 그 세상에서 살게 하고 싶지 않다는 말에 나라의 미래 운운하는 게 무슨 소용일까.

여기까지 생각이 뻗치다 보니 다른 병원은 말할 것도 없고, 산부인과의 임신 가능성을 묻는 질문이 일편 깔끔하다는 생각도 스쳤다. 없다고 답하면 더 묻지 않았기 때문이다. 미혼인지 기혼인지도 물었던 기억도 없다. 예전에는 미혼 여성이 산부인과 가는 것도 눈치 보일 일이었지만, 이제 20대 여성에게도 무료로 자궁경부암 검진하는 정책을 펼치니 병원 가는 발걸음도 한결 가벼워졌다. 산부인과에 드나드는 사람들이 많아졌으니 나처럼 임신 가능성을 묻는 질문에 무엇이라 답해야 할지 망설였던 사람들이 또 있었을지 궁금해졌다.

······

궁금하니 포털사이트에 검색해봤다. '산부인과 임신 가능성 질문' 키워드를 검색창에 입력했다. 나와 비슷한 질문한 글이 있었다. 이게 정확히 뭘 묻는 것이냐는 것이었다. 임신 계획을 묻는 거라는 댓글이 있었고, 말 그대로 임신 가능성을 묻는 것이라는 댓글도 있었다. 임신 가능성 없다는 답이 거짓말이거나 추가 검사해보니 임신한 경우도 많다는 것이었다. 의료진이 치료를 위해서도 알아야 할 정보이기도 했지만, 임신 가능성이 없다고 답해 그에 맞는 치료를 했다가 나중에 임신을 알게 된 경우 의료진이 고소를 당할 수도 있다는 내용도 있었다. 임신 가능성을 묻는 질문에는 마지막 생리 시작일과 최근의 관계 등을 고려해 대답해야 한다는 댓글이 있었다. 의사마다 가치관이 다를 순 있겠지만 임신 가능성을 묻는 질문이 낳는 것을 전제로 한 편견 때문이 아닐 수 있겠다고 댓글을 보며 생각했다.

유튜브에도 똑같은 말을 검색해봤다. 산부인과 의사가 하는 유튜브 계정이 많았는데, 대부분은 임신 가능성을 높일 수 있는 팁이나 정확한 피임의 방법을 알려주는 내용이었다. '캣 레이디' 발언을 임신을 시도하고 있는 연예인도 비판했었는데, 그 발언이 아이 말고 고양이 키우는 사람 외에도 난임인 여성의 상처를 후벼 팠다는 것이 새삼 실감됐다. 유튜브에 임신 가능성을 높일 수 있는 팁 영상이 많다는 건 그만큼 그 정보가 절실한 사람들이 있다는 의미이기 때문이다.

뜬금없이 임신 가능성 질문에 회의를 품고 갖가지 생각을 정리했더니 제법 피곤해졌다. 그런데 나는 이런 피곤함은 좋다. 뭔가 불편하다고 느껴야 바꿔야 할 부분도 찾을 수 있기 때문이다. 내 불편함의 이유는 의료진 질문 그 자체보다 그동안 봐왔던 정부의 성평등에 반하는 정책이나 정치인의 말이 원인이라는 것도 찾았다. 용기를 내봐야겠다. 궁금하면 의사에게 물어봐야겠다. 그리고 갈수록 나이는 늘어가는데 언제까지 질문을 받을지도 궁금해졌다. 궁금한 게 많으니 참 피곤할 일도 많다.

다시 태어나고 싶지 않아서

"어려운 일 하시는데, 스트레스는 어떻게 푸세요?"

"힘들 텐데 계속 그 일을 해나가는 동력은 무엇인가요?"

정당에서 일한다는 걸 상대가 알면 흔히 받는 질문이다. 당원에게서도 종종 받는다. 사람들이 보기에 정치는 늘 싸우는 모습이다. 때로는 가장 가슴 아픈 순간을 보내고 있을 사람들을 만난다. 알아야 할 것도 많고, 작은 정당이 어쩌지 못할 국면에서 우리에게 가장 유리한 방식을 택해야 할 뿐만 아니라, 우리가 만들고 싶은 세상에 가까워질 전략을 예민하게 구사해야 한다. 말 한마디도 조심해야 할 만큼 긴장도가 높고, 계획을 세워도 예측대로 되지 않는 변동성도 큰 상황을 늘 감당해야 하는 일을 하고 있다는 게 가까이서 날 지켜보거나 우리 당을 애정으로 바라보는 사람들의 인식인 것 같다.

흔한 질문의 답은 그때그때 다르다. 크게 고민하지 않고 툭 나오는 대답에서 내 상태를 확인할 때도 많다. 기본소득당 창당 5년이 지나서 처음으로 진행했던 여성당원 워크숍에서 만난 당원이 내게 물었다. 정치 활동을 계속해나가는 동력이 무엇이냐고. 곧바로 나온 대답은 "다시 태어나고 싶지 않아서"였다. 상대가 굉장히 의아하게 쳐다봐서 답을 보충할 수밖에 없었는데, 다시 태어나고 싶지 않으니 이번 생에 최선을 다해 살아야 한다는 의미를 보탰다. 다시 태어나고 싶지 않으니 하고 싶은 일을 해야겠다고 생각하고, 살고 싶은 세상을 만들어 잠깐이라도 살아보고 싶다는 바람도 더했다. 어쩌면 상대는 정치를 하면서의 소소한 보람과 가슴 아픈 사람들의 사연에서 사명을 느끼는 것이 동력이라고 답할 것이라 기대했을지도 모른다. 그 순간들이 계속 긴장감 높게 살아가는 일을 견디게 하는 힘을 주는 순간인 것은 맞다. 하지만 질문들을 받을 때마다 곱씹어 나온 진짜 내 동력은 무엇일지에 대한 최근의 답은 '다시 태어나고 싶지 않아서'이다.

30대 중반이 될 때까지는 사실 스트레스를 풀 별다른 방안 없이도 견뎌졌다. 깊게 고민하며 나를 돌아볼 여유도 없었고, 아끼는 사람들과 수다 떨며 술 한잔하면 또 출근할 힘이 생겼다. 그러다 어느 날 '현타'가 왔다. 무모하게 도전한 창당도 성공했다. 원내정당이 되어 쉽지 않지만 차근차근 해 볼 수 있는 것들을 시도하고 있는 중이다. 남들이 보기에 목표만큼 이루진 못했어도, 계속 목표를 향해 나아가고 있는, 하고 싶은 일을 하며 사는 삶일 텐데, 문득 즐겁지 않다는 생각이 들었다. 너무 달려와서 '번아웃'이 온 건가? 나를 들여다봐야 할 시간이었다.

……

마음이 지쳤던 것은 맞다. 2021년 서울시장 보궐선거에 출마한 뒤 2022년 대선을 치렀고, 2022년 지방선거에서도 서울시장 후보로 출마했다. 정당 활동할 때 가장 텐션을 높여 열정적으로 보낼 때가 선거 시기이지만, 주목도 높은 선거에 출마한 후유증도 분명 있었다. 나보다 먼저 타격을 입은 건 가족과 지인이었다.

2021년 서울시장 보궐선거가 끝난 뒤 고생 많았다고 아빠가 밥을 사주겠다며 오랜만에 만났을 때였다. 막 한 숟갈을 뜨려는 찰나, 아빠가 말했다.

"금마들이 내 눈앞에 있었으면, 팍 마!"

경상도 사람인 아빠의 말 속 주어인 '금마들'. '임마'와 '점마'는 제법 물리적으로 가까이 있는 사람을 향한 말이라면, 금마는 보다 추상적인 지칭어다. 그래도 누구를 가리키는 것인지 구체적으로 말하지 않았어도 알 것 같았다.

"아, 아빠도 댓글 봤어요?"

"봤지, 그럼! 생각이 다를 수도 있지. 근데 외모는 왜 뭐라 하는데!"

고슴도치도 제 새끼는 예쁘다는 속담처럼 금이야 옥이야 키운 귀한 자식에 대해 외모 비하로 비아냥거리는 댓글이 아빠 눈엔 특히 거슬렸던 모양이었다. 당시 환갑을 바라보던 남성인 아빠 역시 비난 일색의 댓글 양상이 문제라고 느끼고 있었다. 혹은 혐오 표현에 가까운 악플의 화살이 하필 딸을 향해 꽂혀서 자신의 문제가 되었을지도 모

2021년 서울시장 보궐선거 당시 신지혜 포스터.

2022년 지방선거 서울시장 후보 신지혜 포스터.

를 일이었다.

"부러 댓글은 찾아보지 마요."

화가 난 아빠의 말에서 속상함이 묻어나 목구멍의 밥알이 턱 막히는 것 같았다. 분명히 선거운동 기간에 더 많은 악플이 달렸을 거다. 가끔 하는 딸과의 통화에서는 일부러 말을 아꼈다가 한참 시간이 지나서야 툭 내던지는 말에도 걱정이 전해졌다. 자신도 이렇게 화가 나는데, 너는 괜찮느냐고.

말 그대로 선거 기간에는 일부러 댓글을 찾아보지 않았다. 선거 내내 집중하는 게 참 중요한데, 나를 갉아먹을 악플은 정신 건강에 해가 될 것이 빤했기 때문이다. 게다가 이때만 하더라도 개인 유튜브 채널을 열심히 운영하지 않을 때라 기본소득당 유튜브 계정으로 올린 영상에 댓글이 집중됐다. 내게 실시간으로 알림이 오지 않으니 굳이 찾아보지 않는다면 피할 수 있었다.

대부분 구독자가 아닌 이들의 악플이었고, 유튜브 알고리즘으로 영상이 노출되고 있다는 의미였다. 스스로 페미니스트임을 자처하거나 '성평등' 이슈를 말하면 악플이 몰려오는 백래시가 한창일 때이니 피할 수 없는 파고 같은 것이라 여겼다. 오히려 SNS 다이렉트메시지(DM)로 때때로 오는 욕설에 가까운 비난만 잘 견뎌내면 될 줄 알았다.

하지만 지지하는 마음을 품고 일부러 내 영상을 찾아보는 가족이나 지지자의 경우는 달랐다. 그들은 예상도 못 한 채로 댓글을 보려다가 악플에 고스란히 노출될 수밖에 없었다. 응원하는 이를 향한 무방비의 댓글 공격이 흔쾌한 일은 아니었고, 지지하는 마음이 클수록 자신이 공격받는 것처럼 상처받을 가능성도 컸다. '나만 안 보면 되지.' 회피하며 지지하는 이들이 받을 상처를 헤아리지 못한 것 같아 괜스레 미안한 마음이 들었다.

······

시간이 지나 또다시 선거의 계절이 돌아왔다. 2022년 대통령선거와 직후에 치르게 될 전국동시지방선거. 서울시장 보궐선거부터 전국 단위의 두 개의 큰 선거를 잘 치러내는 것이 내가 기본소득당 당 대표로서 해내야 할 소임이었다. 나 역시 서울시장 선거에 다시 도전하며, 기본소득이 대한민국에 실현되어야 할 이유를 설득하는 일에 솔선수범해야 했다. 대통령선거가 끝나자마자 서울시장 선거 출마를 일찍이 선언하고 또다시 정치 행보를 이어갈 때였다. 딱 두 가지 주제에 대해서는 다른 SNS 게시물보다 댓글이 많이 달렸다. 페미니즘과 전국장애인차별철폐연대의 시위. 혐오를 선동하는 이들의 잦은 공격 대상이 되는 주제에는 악플이 늘 달리곤 했다. 선거가 가까이 다가올수록 빈도는 더 잦아졌다.

　지난 서울시장 보궐선거 마친 뒤 아빠와의 대화가 떠올랐다. 악플은 지지하는 마음으로 그 과정을 지켜보는 사람들에게도 상처를 남겼다. 악플에 아무런 대응을 하지 않는다면, 지지하지 않는 마음으로 이를 바라보는 사람들에게는 내가 마치 악플 받아도 되는 사람처럼 비칠 수도 있었다. 이번엔 악플에 대응을 해보기로 마음먹었다. 댓글을 마주하고 무조건적인 비난엔 단호히 답하되, 정책에 관해서는 소통의 목적을 살려 댓글을 달아보겠다고. 모든 SNS의 악플을 부러 찾아내 대응하긴 어렵다. 페이스북과 인스타그램은 최대한 해보기로 하고, 가장 악플 강도가 센 유튜브는 '기본소득당 신지혜' 개인 계정에 올린 후보 소개 영상에만 대표적으로 댓글 대응을 해보기로 했다.

　비아냥거리며 외모를 지적하는 비난에는 '외모 지적하는 댓글 없애는 게 성평등 사회'라고 댓글을 달았다. 성평등은 실질적으로는 여성 우월주의 아니냐며 잘못된 정보로 우길 때는, 단호히 틀렸다고 댓글 달았다. 성별임금격차는 힘든 일 마다하는 여성 때문에 어쩔 수 없는 것이라며 성차별을 인정하지 않는 의견에도, 여전히 동일노동 동일임금이 지켜지지 않으며 성별임금격차의 절반 이상은 별다른 이유가 없었다는 연구 결과가 있다고 댓글 달았다. 어떤 댓글을 남긴 이는 내가 남긴 댓글에 '아? 후보 본인이냐?' 놀라며 다음 댓글에서는 덜 무례하게 답변하는 경우도 있었다. 때로는 말도 안 되는 주장을 보면 나도 감정이 앞선 댓글을 달기도 했다. 선거운동 틈틈이 눈을 붙이며 체력을 회복하는 대신 댓글 대응을 이어갔다. 2022년 서울시장 선거 캠프 대부분의 구성원이 '이대녀'였다. 페미니즘에 대한 악성 댓글에 대응하는 일은 이대녀와 함께 하는 서울시장 후보로서도 의미 있는 일이기도 했다. 그래도 댓글 다는 건 당장의 눈에 보이는 변화는 없었고 대대적으로 꾸린 캠프가 아니라 혼자 감당해야 해서 퍽 외로운 일이기도 했다.

선거운동 막바지 잠실야구장 앞에서 유세를 할 때였다. 선거운동을 마치고 이동하려는데 끝날 때까지 기다린 것 같은 긴 머리의 어떤 여성이 내게로 다가왔다. 그리고 울면서 나를 꼭 껴안으며 말했다. "여성들도 살고 싶은 세상을 꼭 만들어달라고", 그리고 "출마해줘서 고맙다"는 말과 함께. '여성도 살고 싶은 세상'은 지금은 너무나 살고 싶지 않은 세상이라는 의미다. 한편, 꾸역꾸역 살아내고 있다는 다른 표현이기도 했다. 해외 언론들과 인터뷰할 때면 대한민국 청년 여성에게 왜 성평등이 중요한 삶의 문제가 됐냐는 질문을 받곤 했다. 여성 대상 범죄피해자에 대한 공감과 '나는 운이 좋아서 살아남았다'는 인식, 그리고 성차별적인 세상에 부딪히면서 이 세상은 달라지지 않을 거라는 좌절을 여성들이 경험하고 있다고. 젊은 여성들의 자살률이 급증하고 있고, 여성들끼리 "죽지 말자", "살아내자"라는 말을 서로에게 응원하듯 건넬 정도라고 답변하곤 했다. 나는 그녀를 토닥이며, 버텨내 살아내면서 성평등한 세상을 만들겠다고 대답했다. "살아내겠다"라는 말, 청년 여성이 느끼는 절망과 좌절에 공감하며 함께 살자는 격려이기도 했다.

선거가 끝난 뒤 선거운동을 하느라 자주 만나지 못한 동료들이나 오랜만에 친구들을 만났을 때였다. 선거 소회를 나눌 때 댓글 논쟁을 숨죽여 지켜보고 있었던 사람들이 많았다는 걸 알았다. 속 시원했다고, 위로됐다고, 그리고 차별엔 단호하게 대처해서 고맙다는 말을 들었다. 댓글을 마주하고 대응할 땐 그렇게 외로웠는데, 그 외로운 싸움을 숨죽여 지켜보며 위안받았던 사람이 있었구나. 잘한 선택이었구나. '똥 묻은 개'를 피하기보다 뿌리는 똥을 치워내야 하는 게 정치의 역할이라는 걸 알았지만, 그걸 해내겠다고 용기를 내는 일은 참 고단한 일이었다.

• • • • • •

2022년 지방선거가 끝난 직후 당 대표 임기도 끝났다. 앞으로 당의

2년 계획을 세울 시점에 특별한 당직 없이 보내는 약 두 달의 시간은 처음으로 가져보는 긴 휴식이었다. 서울시장 선거 끝난 뒤 선거관리위원회에 제출할 회계 보고와 당원들과 함께 선거 평가도 하다 보니 3주가 훌쩍 지나버렸다. 이러다 여행 한 번 가질 못하겠다는 생각이 번뜩 들어 여행 계획을 세우지 않은 채로 제주도로 떠났다. 나는 바다를 좋아하니까.

2022.6.4 당대표 임기가 끝난 뒤 동료들이 선물해 준 케이크.

바다 근처에서 태어나 성인이 될 때까지 언제나 바다를 보며 자랐다. 고등학교 때도 친구와 야간자율학습을 빼먹고 통영 바다 근처를 산책하며 수다를 떨었다. 시민단체 활동할 때도 뭔가 일이 잘 안 풀린다 싶을 때는 훌쩍 동해 바다로 떠났다. 거친 파도 소리를 들으며 끝도 없이 펼쳐진 수평선을 바라보다 보면 복잡한 생각과 마음이 가라앉곤 했기 때문이었다. 오랜만에 제주 여행을 할 때는 새로운 도전을 하고 싶었다. 잠들기 전에 충동적으로 바로 다음 날 아침에 하는 서핑 강습을 예약했다.

수업 몇 시간을 앞두고 온라인으로 예약했던 터라 제대로 됐나 싶긴 했지만, 일단은 가보기로 했다. 대략 10명의 사람들이 있었다. 짧은 안전 교육을 받고 바로 바다로 갔다. 각자가 탈 보드를 들고 바다 앞 해변까지 걸어가야 했다. 꽤 육중한 무게라 당황했다. 보드도 못 들면 서핑을 포기해야 한다고 하니 이 악물고 보드를 들고 뜨거워지고 있는 모래를 밟았다. 해변에서 서핑의 기본자세를 배웠다. 엎드려 팔을 휘젓는 패들링을 하다가 속도가 붙으면 손을 갈비뼈 근처에 둔 뒤 몸을 일으켜 세운다. 설 때는 왼발 오른발을 비스듬하게 서 자세를 낮추고 양팔을 벌려 균형을 잡으며 파도를 탄다. 해변에서 할 때는 참 쉬워 보였는데 막상 바다에 나가려니 가슴이 두근대기 시작했다. 진짜 오랜만의 두근거림이었다. 나는 기자회견을 하든, 생방송 토론회를 하든, 거리에서 마이크를 잡고 유세하든 여간해서 떨지 않았다. 잔뜩 긴장하게 만드는 이 두근거림이 기분 좋았다.

초보자는 혼자 파도를 잡아탈 수 없기 때문에 두 명의 강사가 열 명의 수강생을 차례로 맡아 좋은 파도가 올 때마다 보드를 밀어주었다. 수강생은 보드 위에 엎드려 손을 갈비뼈 근처에 두고 있다가 보드를 밀어주는 강사의 '업' 소리에 맞춰 일어나기만 하면 됐다. 단번에 성공하는 사람이 없다는 걸 지켜보다 내 차례가 왔다. 역시나 제대로 서지도 못하고 실패. 바다에서 물장구에 가까운 수영을 하는 게 물

놀이의 전부였던 나는 예고치 않게 물에 빠진 적이 별로 없었다. 수영도 잘 못하는데 물에 빠져도 괜찮을까 걱정했던 게 두근거림의 원인이었는지 한번 빠지고 나니 많이 긴장되진 않았다. 물에 빠져도 죽지 않고 정신을 잘 차리면 된다고 생각하니 더 무섭진 않았다. 보드를 챙긴 뒤 사람들의 동선에 방해되지 않게 다시 강사가 있는 곳으로 패들링해 들어가 몇 번 더 서핑을 시도했다.

2025.7.10 단골로 삼은 양양에서의 서핑. 바다에 가기만 하면 그저 웃음이 난다.

강사가 이제부터 하는 서핑을 촬영해서 보내줄 것이라고 했다. 역시 나는 실전에 강한 스타일인가. 촬영하는 순서에서는 일어서기에 성공했다. 정말 오랜만에 느껴보는 성취감이었다. 혼자 파도를 잡아 탄 것도 아니고, 강사가 밀어준 보드에서 일어서기만 한 건데도 엄청난 성취감을 느꼈다. 사진 속 나는 보드 위에서 웃고 있었다.

그날 밤 나는 알았다. 내겐 성취감이 굉장히 중요한데, 정당 활동을 하며 성취감을 느낀 순간이 별로 없었다는 걸. 그래서 즐겁지 않았구나 싶었다. 시민단체 활동을 할 땐 성취감을 느끼는 순간이 많았다. 지원 사업에 선정될 때나, 모시고 싶은 강사를 섭외했을 때나, 발달장애어린이와 활동할 장소를 드디어 찾았을 때나. 내게 주어진 과제들을 해내기만 해도 성취감을 느꼈다. 그런데 정당의 일은 달랐다. 당장의 우리 꿈은 너무 멀리 있었고, 당의 입장을 발표한다고 언론이 주목해 주지도 않았다. 코로나 때문에 대면해서 하는 사업을 할 수 없었고, 사람에게서 영감을 얻고 에너지를 받는 내게는 성취감 느낄 사건이 없는 시간의 연속이었다는 걸 서핑을 하며 느꼈다.

······

또 다른 번아웃 위기는 반복됐다. 특히 대변인 업무할 때 더 그랬다. 정치적으로 하나도 동의할 수 없는 상대를 온종일 쫓아야 하는 것도 고달팠고, 참사가 일어날 때마다 망언을 쏟아내는 염치없음을 마주하는 것도 괴로웠다. 종일 뉴스를 보며 비판의 언어를 준비해야 하는데, 온 신경을 써서 언어를 고르고 골라도 그들은 어떤 변화도 없을 것이라는 생각에 자주 무기력해졌다. 그때 다시 서핑하러 갔다. 이번엔 제주가 아닌 마음만 먹으면 떠날 수 있는 강원도 양양으로. 이제 단골이라고 마음 붙인 서핑샵도 생겼다.

"스트레스를 어떻게 푸세요?"라는 질문에 이제 나는 서핑을 하러 가 힘을 얻는다고 말하곤 한다. 물에 빠질 때마다 여전히 바닷물을 먹지만, "서핑이 즐거운 걸 어떡하겠어요." 어깨를 으쓱하고 다시 도

전하게 된다. 그저 보드 위에 앉거나 누워서 파도 소리 들으며 둥둥 떠다닐 때도 좋다. 서핑을 하면서 내 삶의 태도를 돌아본 적도 있다. 때론 나는 보드 타고 해변까지 도착할 방도를 찾기보다 어떻게 안전하게 바다에 빠질지 궁리해 마치 서핑을 포기한 듯한 선택을 했다는 걸 알았다. 해변까지 보드 위에서 떨어지지 않는 데 집중하면서 포기하지 말고 가보자고 마음먹은 뒤에는 성공률이 더 높아졌다. '이 힘을 정치할 때도 내봐야겠지?' 나를 토닥인 적도 있었다.

한번은 보드를 들고 들어가기조차 어려울 정도로 파도가 거센 날에 간 적이 있다. 전날에도 서핑한 탓에 온몸에 근육통이 있어서 파도를 이겨내며 파도가 덜 치는 곳까지 패들링해 갈 자신이 없었다. 결국 바다에 들어가기를 포기하고, 해변에 앉아 거침없이 치는 파도를 바라봤다. 선생님은 보드 들고 가는 게 무서우면 맨몸으로 파도에 들어가 보자고 했다. 맨몸으로 파도에 밀리지 않고 파도를 직면하는 방법을 익히는 연습을 했다. 파도가 몰려올 때 충격을 덜 받게 몸을 튼

뒤 하체에 단단히 힘을 주며 앞으로 나아가게 뛰면 뒤로 많이 밀리지 않을 수 있다. 혹은 파도가 날 덮치기 직전 오히려 바다 안으로 잠수해 폭 들어가 파도를 지나는 방법도 있다. 내 키보다 높은 파도가 몰려올 때도 겁내지 말고 파도가 나를 다치지 않게 할 방법을 용기 내 선택할 수 있다는 걸 맨몸으로 파도를 마주하며 느꼈다. 거대한 자연 앞에서 나는 한없이 작은 인간이라 늘 파도 같은 피할 수 없는 위기를 맞을 수 있다는 걸 겸허히 받아들이게 하면서도, 어떤 문제든 포기하지 않고 나아갈 방법도 있다는 걸 바다에게서 배운다.

일과 떨어져 나만을 위해 보내는 시간, 성취감을 느끼며 그간의 공허한 마음을 달랠 시간, 때론 자연을 온전히 느끼며 바쁜 일상의 스트레스에서 벗어나 치유하는 시간. 내게 그 시간은 서핑하며 바다와 함께 하는 시간이다. 일 년에 몇 번 가지도 못하지만, 그 며칠의 여운으로 또 긴 시간을 버텨낼 힘을 얻는다. 또다시 갈 바다를 그리워하면서.

그 가게가
오래오래
있었으면

맛집에 가는 두 가지 유형이 있다고 한다. 하나는 새로운 맛집을 계속 찾아 나서는 유형, 다른 하나는 가던 집을 계속 가는 유형. 두 유형이 섞이는 게 보통이겠지만, 둘 중 더 선호하는 방식이 있을 거라는 의미다. 나는 가던 집을 계속 가되 가끔 새로운 맛집을 찾는 스타일이다. 가족과 함께 살았던 어린 시절을 떠올려 보면, 우리 가족은 외식할 때 늘 가던 식당에 갔다. 어떤 곳은 사장님도 알아보는 단골이었고, 어떤 곳은 손님이 너무 많아 충성도 높은 손님인 우리 가족을 알아봐 주지 않았다. 그래도 늘 가던 곳의 아는 맛을 찾았다.

어릴 땐 인터넷으로 맛집 검색을 하던 때가 아니었다. 입소문이 난 게 아니면 가보지 않고서는 맛집인지 몰랐던 시대였으니, 가던 집에 가는 걸 더 선호하기 쉽다. 이제는 핸드폰 하나로 맛집을 줄줄이 찾을 수 있는 시대가 되었는데도, 나는 어릴 적 영향인지 가던 집에 가는 게 좋았다. 대학 다닐 때부터 그랬다. 신촌에 자주 가는 술집과 고깃집이 있었고, 사장님과 연락처도 주고받으며 신촌을 떠나 고양시로 이사할 때까지 단골이 되어 애용했다. 익숙한 맛과 편안한 분위기에 취해 단골집에서 신나게 수다 떨면 아무리 힘든 일도 털어버릴 수 있을 것 같았다. 고양시에서 살 때도 걸어서 3분 거리에 있는 먹자골목에 몇 개의 단골집을 두고서 그날의 끌리는 맛을 찾아갔다.

자주 갔다고 무작정 단골집이라고 부르진 않는다. 좋아하는 집과 단골집은 엄연히 다르다. 기준은 그 가게 사장님이나 그 가게에서 오래 일한 분이 나를 알아보느냐의 차이였다. 내가 그 집을 좋아해 몇 번 가게를 찾은 걸 사장님이 모르면 좋아하는 집이라고 불렀고, 사장님이 날 알아보면 그때부터 단골집이라 불렀다.

서울시장 선거 출마를 위해 다시 서울로 이사 갈 동네를 고를 때도 나의 단골집 만들기 욕망이 발동했다. 동물병원이 가까이 있는 것만큼이나 걸어서 갈 수 있는 먹자골목이 있는 게 중요했다. 왁자지껄한 골목 안에서 가까운 거리에 있는 여러 곳의 단골집을 만들면 자리를 옮겨 다니며 즐길 수 있으니 말이다. 그래서 택한 동네가 연신내였다. 오래 살다 보니 GTX-A도 개통돼 출장 가기 편한 교통편의도 경험하는 날도 왔지만, 앞으로 개통될 지하철 따위는 이사할 동네 선택에 어떤 영향도 끼치지 않았다. 10분 안에 오갈 수 있는 먹자골목이 가까운 집, 그게 여러 후보 중 연신내에 있는 집을 택한 강력한 이유였다.

······

이사한 지 1년 정도 지난 후에야 본격적으로 단골집을 만들기 시작했다. 이사 직후에는 선거 치르느라 바빴고, 코로나 때문에 영업시간이 제한됐기 때문이었다. 사회적 거리두기가 풀릴 무렵 본격적인 단골집 찾기가 시작됐다. 단골집 만들 때도 나만의 기준이 있다. 나는 저녁에 일정이 있을 때도 많다. 그렇지 않은 날에는 집안일을 하거나 고양이와도 시간을 보내야 한다. 동네 단골집에는 끽해야 일주일에 한두 번 갈 수 있는 여력밖에 없다. 그러니 단골집끼리 메뉴가 겹치지 않게 한다는 기준을 세웠다. 딱 그 메뉴가 떠올랐을 때 바로 그곳을 찾아갈 수 있도록 말이다. 예약도 되지 않고, 매번 줄 서서 먹어야 하는 곳은 단골집으로 만들려고 노력하진 않는다. 퇴근 후 배가 고파 기다릴 여력도 없고, 다음 날 잘 출근하려면 후딱 먹는 게 좋기 때문이다. 그렇다고 맛이 없는 곳의 단골이 될 순 없다. 친구들이 우리 동네에 놀러 왔을 때 추천해 데리고 갈 수 있을 만큼은 맛있어야 한다.

대학 다닐 때의 단골집 기준은 늦게까지 하거나 싼 곳이 최고였다. 택시 탈 돈이 없으니 첫 차 다닐 때까지 장사하는 곳이 좋았고, 주머니 사정은 어려운데 먹성은 많이 좋았던 시기니 싼 곳이면 더 좋았다. 여전히 기억에 남는 곳은 딱 두 곳이다. 첫 차 다닐 때까지 하는 술집, 그리고 발달장애어린이 만나는 자원 활동 마치고 수십 명이 우르르 들어갈 수 있었던 고깃집. 단골 술집에서는 아지트에 모이듯 평일에 삼삼오오 모여 놀기 좋았고, 고깃집은 말 그대로 싸고 편안한 맛을 즐겼다. 특히 고깃집 사장님은 그때 당시 청소년 자녀가 있었는데, 내가 자원봉사 활동하는 걸 알고 자녀의 봉사활동에 대해 이것저것 물었던 것이 기억난다.

대학을 졸업하고 직장 근처로 집을 옮기려고 고양시로 이사할 때 단골집에 갈 일이 많이 없어지는 것이 슬펐다. 마치 이별하듯이 말이다. 시간 지나 술집은 아예 문을 닫았고, 고깃집은 업종을 바꿔 장사하신다는 이야기를 몇 년 전에 들었지만 가진 못했다. 아직도 단골집이 있던 거리를 지나면 늘 왁자지껄했던, 때론 얼큰하게 취해 흑역사를 만들어 냈던 그 시절이 떠오른다. 도시의 익명성이 주는 자유로움이 너무나 좋았지만, 날 품어주는 단골집의 존재가 든든했기 때문이다.

연신내살이 6년 차인 지금은 진짜 단골이라고 말할 수 있는 가게가 서너 곳 정도 된다. 이제는 내 단골집들이 오랫동안 문 닫지 않고 그 자리에 머물렀으면 하는 마음이 더 커졌다. 고양시의 단골집 몇 개도 서울로 이사한 뒤에 사라진 것을 알고서 마음이 쓰라렸기 때문이다. 대학 시절의 단골집 만들 때와 지금의 큰 차이는 SNS 계정이 있는 가게가 많아졌다는 것이다. 그 가게에 갈지 말지 선택할 때, 혹은 그 가게에 물어볼 게 있을 때 SNS 계정을 활용한다.

나의 단골집 중에서도 두 곳은 SNS 계정이 있다. 단골집이 오랫동안 잘 됐으면 하는 마음으로 내가 할 수 있는 일은 자주 가는 것과 SNS에 소식을 올리는 것이다. 단골이 된 초반에는 글을 올리지 않았었다. 이제 막 얼굴을 텄는데 SNS에 일거수일투족을 다 올리는 나를 드러내는 게 부담이었다. 사장님들한테 "나 정치인이오" 생색낼 일도 아니고, 그저 동네 사는 편안한 단골손님이고 싶었다. 하지만 단골집을 애정하는 마음이 커질수록 가만히 있지 못하는 성미가 나왔다.

SNS에 단골집을 태그한 뒤 사장님들이 내가 하는 일을 알게 됐다. 자연스레 대화가 넓어졌다. 종종 사장님들이 장사하면서 어려움을 말할 때도 있고, 정치 이슈가 궁금할 때 어떻게 생각하느냐고 묻기도 한다. 사장님이 건물 관계자와 언쟁을 벌이는 모습을 보면 슬며시 도

와줄 일이 있는지 내가 먼저 묻기도 한다. 바쁜 일이 있어 한동안 못 가다가 오랜만에 가게를 방문하는 날이면 환대받는다는 걸 흠뻑 느끼도록 반겨준다. 나는 단골집 때문에 우리 동네가 더 좋아진다. 둥둥 떠다니며 서울살이하는 게 아니라 한 동네에서 흔들리지 않게 자리 잡고 있는 것처럼 느끼게 해주는 단골집이 좋다.

······

나는 드라마광이다. 남들과 비교해 봐도 보통 좋아하는 정도를 넘어서는 것 같다. 너무 재밌으면 잠을 포기하고 드라마 보기를 선택할 정도기 때문이다. 마음이 힘들 때는 좋아했던 드라마를 다시 보기도 한다. 유명한 뇌 과학자들이 말하길 힘들 때 과거에 행복했던 순간들을 떠올리게 하는 노래를 듣는 게 도움이 된다는데, 내게는 좋아했던 드라마 다시 보기도 그 순간을 견뎌내기 위해 본능적으로 뇌가 시키는 선택이었던 셈이다.

비상계엄 선포 후 파면 선고가 내려지기 전까지 최애 드라마 「미스터 선샤인」을 다시 봤다. 어쩌면 초조한 마음을 벗어나고 싶어 굳건하게 나라를 지키는 걸음을 걷는 이들의 힘을 드라마로 받고 싶었던 건지도 모르겠다. 한참 탄핵 광장을 매일 같이 나가던 당시에 화제였던 드라마 「폭싹 속았수다」는 나오자마자 보고 싶은 마음이 굴뚝같았지만, 파면 선고가 내려지고서야 봤다. 드라마 볼 때마다 눈물 펑펑 쏟는 '극F형' 인간인 내가 할 일도 많은데 눈물 쏟느라 진을 뺄 수 없어 겨우 참았다. 이야기를 참 좋아하는 내게 새로운 이야기를 받아들일 마음의 여유도 없었다.

대통령선거를 치르면서는 「나의 아저씨」도 다시 봤다. 버티면서 사는 삶 다음에 행복한 삶을 그리는 해피엔딩의 드라마여서다. 「나의 아저씨」는 단골집 하면 대표적으로 떠오르는 드라마다. 기쁠 때 들를 수 있는 아지트가 있고, 퇴근 후 스트레스와 걱정을 잠시라도 내려놓고 집으로 갈 수 있는 공간이 있다는 건 참 따스한 일이다. 누군가의 아지트에서 환대받는 경험이 외톨이었던 주인공 지안도 마음을 열게 하고, 어딘가에 발붙이며 살아갈 힘과 사회에 대한 신뢰를 쌓게 한다. 일주일에 한두 번은 어떤 단골집이든 들렀는데, 새 대통령이 뽑힐 때까지 평범한 일상과 멀어져야 했다. 약속을 최대한 줄여야 했고, 단골집에 가는 횟수도 현저히 줄었다. 단골집에 대한 그리움과 자주 가지 못하는 아쉬움을 드라마를 보며 풀었다. 나의 마음 비빌 언덕인 단골 맛집들이 내란 사태 때문에 더 꽁꽁 얼어붙은 불경기에도 무사히 살아남기를 바라면서.

······

2024년 자영업 폐업률은 역대 최고치를 찍었다. 월급은 크게 오르지 않는데 물가는 치솟고 금리가 높아져 대출 이자 부담이 커지니 씀씀이를 줄일 수밖에 없었던 탓이다. 비상계엄 선포했던 대통령이 파면된 뒤에야 소비자심리지수가 계엄 선포 이전으로 회복됐다. 새 정부가 경제를 살릴 것이라는 기대를 품었기 때문일 것이다. 대통령선거가 끝난 뒤 시민의 기대대로 민생회복지원금이 지급됐다. 코로나 시기에 재난지원금을 지급한 경험 덕분에 추경이 결정되자마자 집행은 신속 그 자체였다.

남들이 민생회복지원금을 어떻게 쓸지 고민할 때, 나는 어느 단골집에서 민생회복지원금을 쓸지 고민했다. 서울 시민인 나는 서울 전역에서 민생회복지원금을 쓸 수 있었다. 하지만 내가 애정하는 나의 동네에서 소비하고 싶었다. 보통은 충동적 인간답게 그날의 당기는 맛을 따라 단골집을 선택하지만, 민생회복지원금 쓸 때는 분석적으로 접근했다. 비상계엄 선포 뒤 민생회복지원금을 받기까지 가장 덜 갔던 곳을 골랐는데, 그 가게를 택한 특별한 이유도 있었다.

비상계엄 선포 이후 대한민국은 크게 분열됐다. 정치의 세계에 입문한 이래로, 아니 정치를 지켜봤던 시간도 포함해 최대의 분열을 경험한 것 같다. 탄핵 찬성 의견과 반대 의견으로 분열됐다. 탄핵 반대하는 이들은 부정 선거 음모론을 주장하며, 이주민을 향한 혐오 발언도 쏟아냈다. 특히 중국 출신 이주민을 향한 비하 발언이 많았다. 민생회복지원금을 써야겠다고 택한 곳은 중국 출신 이주민이 운영하는 중식당이었다. 실례가 될까봐 고향을 물어본 적은 없다. 사장님이 가족 같은 분과 유창하게 중국어로 대화하는 것을 들은 적이 있어 확신할 뿐이다. 저녁 뉴스가 한창일 때 가게를 방문한 적이 많았던 탓도 있겠지만, 가게 TV로 나 역시 뉴스를 볼 때가 많았다. 비상계엄 선포 뒤 대통령 선거일까지 6개월 동안 탄핵으로 쩍 갈라진 대한민국의 소식 역시 뉴스로 전해졌고, 중국을 혐오하는 발언이 탄핵 반대 집회에서 흔했다는 것 역시 사장님이 모르실 리 없었다. 사장님에게 비수가 꽂히는 듯한 뉴스였을까, 혹은 서글프게도 혐오 발언에 익숙해져 그러려니 넘기셨을까.

오랜만에 찾은 가게 사장님은 여느 때처럼 환한 웃음으로 맞아주셨다. 그 가게는 재료 물량 때문에 첫 주문에 딱 한 번만 시킬 수 있는 시그니처 메뉴가 있다. 이미 물량만큼 다 팔렸으면 못 먹기 때문에 자리에 앉자마자 그 메뉴를 먹을 수 있냐고 묻는다. 간혹 다른 것만 시키면 사장님이 먼저 그 메뉴 주문 안 하냐고 다시 확인하실 정도로 그 메뉴를 좋아한다. 민생회복지원금을 쓰러 갔던 날, 운 좋게도 주방 마감 직전까지 재료가 남아 있어 그 메뉴를 두 번이나 주문했다. 딱 한 번만 주문할 수 있다는 원칙을 철석같이 지키셔서 거절당한 적도 있었는데, 그날은 예외였다. 단골이어서 해주신 것 같다며 기분 좋게 합리화하고 맛나게 먹은 뒤 계산하러 갔다. 사장님께 카드를 내밀며 "오늘은 민생회복지원금으로 제가 쏘는 거예요."라고 말하니 사장님도 웃음으로 화답하셨다.

SNS 계정이 없는 중식당 사장님께는 몇 년 전에 우연히 내 직업을 들켰다. 당시 지역구 국회의원 보좌관이 날 알아보고 인사를 건네는 바람에 말이다. 서로 명함을 주고받는 모습을 신기하게 쳐다보셔서 민망했다. 친근한 교류까지는 못 하더라도 얼굴을 아는 정도의 단골이 되어 정말 친한 친구들과 시끄럽고 신나게 먹고 마시던 중이었기 때문이다. 내 직업 때문에 이주민이어서 겪는 설움을 여쭤보면 부담스러우실까봐 아직 시도해 보지 못했다. 사장과 손님을 넘어 가까이에 거주하는 이웃으로 대화할 기회가 올까?

2025년 9월에 2차 민생회복지원금이 들어왔다. 이번에는 어느 단골집을 갈까 즐거운 고민을 했다. 중앙선거관리위원회가 매년 두 번씩 생방송으로 하는 정당 정책 토론회를 주최하는데, 당을 대표해 토론회에 나가 무사히 잘 마쳤던 터라 내게 맞난 음식으로 상을 주고 싶기도 했다. 토론회 주제 중 하나가 신냉전시대의 외교 안보 전략일 만큼 미국과의 관세 협상이 화두였던 시기였다. 이번에는 정치에 관심 많은 사장님 가게에 가기로 했다. 가게 갈 때마다 짧게라도 정치 이야기를 나누기 때문에 분명 어떤 생각인지 말씀하실 것 같았기 때문이다. 역시 사장님은 미국과의 관세 협상에 대해 어떻게 생각하느냐 묻고 자신도 국가 이익을 가장 우선해야 한다는 생각을 전해주셨다. 가끔 단골집에서 전해 듣는 이웃의 의견이 일하는 데 많은 영감을 준다. 직업을 알고 있는 단골이어서 나눌 수 있는 대화도 퍽 다채롭다.

······

나의 단골집은 내가 사는 동네가 아닌 다른 동네에도 있다. 보통은 친한 이들의 소개로 알게 된 집이다. 대학 다닐 때 중증장애인이나 홀몸어르신 목욕보조하는 자원봉사를 함께 했던 동생이 소개해 준 단골집은 신촌과 홍대 사이에 있다. 그와의 접선 장소는 언제나 그 가게였다. 결혼한다며 청첩장을 전해준 날도, 그와 결혼한 아내를 소개받은 날도 그곳에서 만났다. 여러 번 그와 함께 갔던 단골집은 이제 그 없이도 가는 나의 단골집이 되었다. 근처에서 일이 끝나거나 약속이 있으면 꼭 들른다. 사장님과의 대화에서 빠지지 않는 것은 그의 근황과 안부다. 그 가게 근처에서 오랫동안 살던 그가 제법 거리가 떨어진 곳으로 이사하는 바람에 내가 더 자주 가게에 가는 단골이 됐다. 사장님과 함께 아는 인연의 안부를 나누는 경험은 생경하다. 어떤 인연이 끊어지지 않게 이어지도록 하는 징검다리의 쓸모를 하고 있다고 느끼며 혼자 뿌듯해하곤 한다.

단골집이 잘 됐으면 하는 마음에 친구를 데려가기도 하지만, 내가 아는 좋아하는 곳을 그 친구와 나누고 싶어 단골집에 가기도 한다. 마치 드라마 「나의 아저씨」에서도 그랬듯 나의 세계에 친구를 초대하는 것처럼. 내게 동네에서 단골집을 만드는 건 살고 있는 곳을 더 좋아하게 되는 과정이다. 어릴 적 5곳의 초등학교에 다닐 정도로 이사를 많이 했다. 되도록 한 동네에서 정착하는 안정감을 느끼고 싶은 게 단골집을 만드는 이유일지도 모른다. 안정감이 커질수록 동네에 애정이 깊어지고, 자연히 동네에서 일어나는 일에도 관심이 간다.

그런 내게 민생회복지원금은 내가 좋아하는 동네에 애정 표현할 기회였다. 나의 추억이 겹겹이 쌓이고 있는 단골집들이 무사히 살아남아 오랫동안 그 자리에 있기를 바라는 마음으로 내게 맛있는 음식을 먹였다. 동네 가게가 잘 되게 하는 일은 누군가의 추억을 지키고, 누군가의 일자리를 지키고, 또 누군가가 그 동네에 자리 잡게 하는 일이지 않을까. 매년이든 명절마다든 내게 민생회복지원금이라는 보너스가 계속 주어지면 좋겠다. 동네를 더 사랑해 보라고.

햇빛으로 만드는 미래, 학교 옥상에서부터

한참 골머리 썩이는 문제에 대해 어떤 입장을 밝혀야 할까 고민이 끝나지 않을 때는 엉덩이를 뗀다. 말 그대로 기분 전환을 위해 화장실을 가거나 물 뜨러 가기도 하며 몸을 움직인다. 다시 집중할 숨을 고르고 나면 생각이 조금씩 정리되고 새로운 아이디어가 떠오르곤 한다. 한 시간에 한 번꼴로 움직일 만큼 엉덩이가 가벼운 편이다.

"나 갑자기 아이디어가 떠올랐어!"

어느 날 괜찮은 아이디어가 떠오르면 곧장 아이디어를 나누고 싶을 만큼 신이 난다. "이거 말 되는 거 같아?"라고 동료에게 물으며 떠오른 아이디어를 나눈다. 다른 이에게도 뚱딴지같은 소리가 아닌 매력적인 내용이어야 더 깊이 고민할 의미가 있고, 깊이 고민할 때 참고할 방향을 조언받기도 하니 말이다. 좋은 아이디어는 자주 오지 않지만, 만나게 되면 반갑기 그지없다. 제시할 수 있는 대안이 떠오른 것이어서다.

내가 대변인일 때 가장 많이 고민했던 건 비난이 아닌 비판을 하고 싶다는 것과 비판과 함께 대안을 제시하고 싶다는 것이었다. 자극적인 말로 남 욕하고 싶은 게 아니라 바꾸고 싶었던 거니까. 다른 당에서 나온 부적절한 발언을 들었을 때, 그 말이 문제인 이유를 짚고 이렇게 달라져야 한다는 대안을 항상 제시하려고 애썼다. 정책으로 시민에게 말 걸고 비전이 있음을 보여주는 정당을 만들고 싶었다. 그래서 출마할 때마다 가장 신경 썼던 게 시민을 설득할 논리를 갖춘 정책을 만드는 일이었고, 정책 토론회에 출연할 때도 대안을 이야기하는 데 초점을 맞췄다.

창당한 지 6년 차를 맞이한 우리는 정책의 공백을 느낄 때가 있다. 아무래도 당 이름이 기본소득당이어서 기본소득을 가장 우선하는 정책을 만든다. 외교나 안보 같은 분야는 정보나 경험이 부족해 정책 만드는 데 한계도 느낀다. 그래도 애쓰고 또 애쓴다. 한 사람의 국민으로서 혹은 대안을 제시하는 역할인 정당으로서 책임을 느껴서다. 사법 개혁이든 언론 개혁이든 거대 양당이 다투고 있는 주제에 대해 당의 입장을 정돈해야 할 때마다 치열하게 논의해 방향을 결정한다.

때론 더 알아보고 결정하자고 하고, 어떨 땐 선제적으로 더 개혁적인 안을 준비한다. 큰 정당만큼 빠르진 못하더라도 합리적인 대안을 제시하는 실력 있는 정당이 되고 싶은 목표를 잊은 적이 없다.

······

2026년 6월 지방선거가 다가온다. 정당의 선거 슬로건을 만들 대표적인 정책을 미리 준비해야 한다. 다른 일을 하다가도 지방선거 전략이든 지방선거 준비하는 데 필요한 사업 아이디어가 떠오르면 짧은 제안서를 써 동료에게 공유하곤 했다. 그날도 가벼운 엉덩이 때문에 사무실 주변을 서성거리다가 아이디어가 떠올랐다. 모든 학교 옥상 위에 태양광을 설치하면 어떨까?

기후위기를 벗어나려면 재생에너지를 발전시켜야 한다. 서울은 에너지 자급도가 가장 낮다. 지역에서 생산된 에너지를 송전탑을 거쳐 서울로 가져와 쓴다. 송전탑을 거치면서 손실되는 전력도 많다. 무엇보다 서울에 전해 줄 전기 때문에 짓는 송전탑을 그 지역 주민이 달가워하지 않아 늘 갈등이 생긴다. 서울의 에너지 자립도를 높이고 기후위기에 대응할 수 있는 유일한 방안은 서울에서 발전시킬 재생에너지 양을 늘려야 한다는 것이다.

지금 기술력으로 가장 손쉽게 시도할 수 있는 것은 태양광발전이다. 그런데 서울은 땅값이 비싸다. 값비싼 도심 땅에 태양광 설비를 설치하자고 하면 시민들을 설득하기 어려울 것이다. 태양광발전으로 만들 수익보다 내야 할 임대료가 많아 배보다 배꼽이 큰 비효율적인 상황을 맞닥뜨릴 수 있기 때문이다. 그래서 2022년에도 건물 옥상에 태양광 설치를 지원하는 방향으로 재생에너지를 늘리는 것을 정책으로 제안했었다. 하지만 서울시가 소유하거나 관리하는 건물이 아닌 이상 설비를 설치할 부지의 임대료 문제를 피해갈 수 없다는 단점이 있다. 이걸 보완하는 게 학교 옥상 위 태양광 설치라는 생각이 번뜩 떠오른 것이다.

학교는 태양광발전의 지리적 이점이 있다. 자라나는 어린이와 청소년이 햇볕을 쬐는 건 중요하다. 학교 주변이 개발돼도 학교 일조권은 교육영향평가로 보호된다. 너무 높은 층수로 짓는 개발 때문에 학교 일조권에 부정적 영향을 미칠 것이라 평가받으면 개발계획을 수정해야 한다. 학교 일조권이 법과 제도로 보호된다는 것은 학교야말로 일사량이 좋아 효율적인 태양광발전을 할 수 있는 입지라는 의미다. 월요일마다 전교생이 운동장에 모여 아침 조회하며 교장 선생님 훈화 말씀 듣던 학창 시절만 떠올려 봐도 따가운 햇살의 위력을 상상할 수 있다. 게다가 초·중·고등학교는 국공립학교가 훨씬 많다. 정책이 결정되면 시행하기까지의 효율도 높일 수 있는 또 다른 장점도 있는 셈이다. 기후위기 대응을 위해 에너지 효율을 높여 탄소배출을 줄이는 그린리모델링을 시행할 때 공공기관이나 학교부터 시작하는 이유도 민간까지 정책을 확대해 나가기 위해서는 공적인 기관부터 시작하는 게 훨씬 용이하기 때문이다.

학교라는 공간 자체의 이점도 있다. 재생에너지 발전은 우리 사회가 지속적으로 발전시켜 나가야 할 분야이다. 교육의 공간인 학교에서부터 재생에너지의 중요성을 알아가는 건 중요하다. 비상계엄 선포를 정당화하기 위해 극우세력이 꺼내 들었던 것은 부정선거 음모론이었다. 안타깝게도 다른 어떤 세대보다 지금의 10대는 부정선거 가능성을 믿는 이들이 많아진 현실이 됐다. 태양광을 악마화하는 서울시장과 대통령 때문에 세계적 흐름을 비껴가는 지난 몇 년의 시간을 겪었다. 장기적으로 재생에너지 발전의 중요성을 공감하려면 교육의 현장에서부터 재생에너지를 경험하며 자라야 한다.

여기까지 생각이 미치니 학교 옥상 위 태양광 발전이 필요한 이유에 대해서는 정돈이 된 것 같다. 이제 어떻게 태양광 발전기를 설치하고, 태양광으로 만든 전기를 어떻게 쓸지에 대해 더 구체적으로 상상을 펼쳐야 할 순서다.

……

태양광발전으로 전기를 만들어서 쓸 것인가, 아니면 한국전력공사에 팔아 수익을 남길 것인지를 택해야 한다. 전기가 소량밖에 만들어지지 않는다면 학교 자체 전기로 쓰는 것이 가장 나은 방법이다. 그렇게 하면 학교가 내야 할 전기요금을 아낄 수 있다. 그런데 아낀 전기요금은 학생들을 위해 어떻게 쓸 수 있을까? 오히려 재정을 줄였다는 것만 강조하고 다른 데 쓰이지 않을 가능성도 크다는 우려가 스멀스멀 올라온다. 천연자원인 햇빛으로 에너지를 만들고 그로 인해 전기세를 아껴 돈이 생기든 한국전력공사에 팔아 수익을 남기든 돈이 생긴다. 천연자원으로 인해서 누구의 몫이라 할 수 없는 수익이 생긴다면 모두에게 그 수익의 몫을 나누는 게 정의롭다. 전남 신안군을 비롯해 지방자치단체가 천연자원이 만들어 낸 수익을 배당하는 '햇빛바람연금' 같은 정책을 시행하고 확대하고 있는 현실이다. 학교 옥상위 태양광 발전으로 수익을 만든 뒤 학생에게 모두 동등하게 나누는 것으로 기본소득 정책과 연결하는 상상까지 나아갔다.

태양광 발전 수익을 학생 모두에게 배당하면, 천연자원 같은 공유부(共有富)에 대한 수익이 모두의 것이라는 감각을 키우는 좋은 교육이 된다. 어릴 때부터 공유부에 대한 권리를 익힌다면 우리 사회의 동등한 구성원으로서 내 몫과 권리를 정부에 요구할 힘이 있다는 걸 배운다. 권리를 확장할 다양한 방안을 고민하며 사회에서 자신의 자리를 찾는 진로 고민도 확장할 수 있을 것이다.

충북 보은군의 판동초등학교 어린이 기본소득 사례가 주는 울림에서 힌트를 얻었다. 판동초등학교는 학교 주변에 슈퍼 하나 없는 시골에 있다. 교사 한 명이 지원사업에 응모해 아이들 모두를 위한 협동조합 매점을 만들었다. 그런데 이용하는 아이들만 매점에 오는 현실을 발견했다. 용돈 받는 아이는 자유롭게 매점을 오갔지만, 용돈이 없는 아이는 매점에서 쓸 돈이 없었기 때문이었다. 학교에서는 매주 월요일마다 매점에서 쓸 수 있는 기본소득을 지급하기로 했다. '어떻게 하면 매점이 모든 아이들을 위한 공간이 될 수 있을까?' 선생님들이 고민하던 찰나에 후원금을 받을 기회가 있었기 때문이다.

매주 기본소득을 받으면서 아이들은 스스로 돈을 어떻게 쓸지 결정할 수 있는 경험을 키웠고, 친구에게도 베푸는 사람으로 자라고 있다. 특히나 학교가 나를 도와주는 것 같아 좋았다는 응답이 눈에 띄었다. 경기도 청년기본소득을 지급받은 적 있는 청년도 했던 답변이기 때문이다. 사회에서 보살핌을 받은 경험이 공동체에 대한 소속감과 애정을 싹틔운다. 공유부에 대한 권리를 기본소득으로 받는다면

나 자신뿐만 아니라 친구 나아가 사회까지 생각하는 시민으로 성 장할 수 있다.

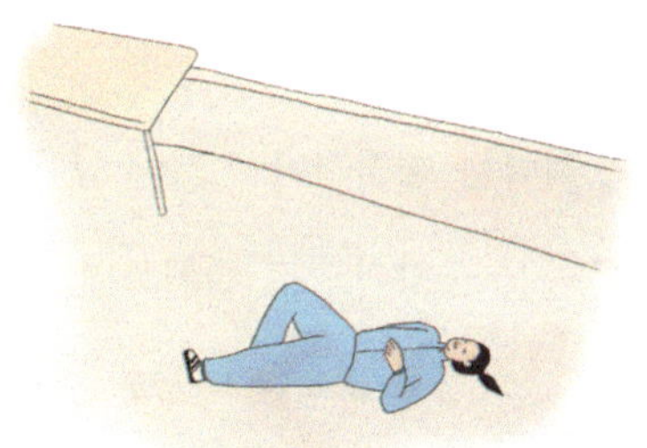

기후위기 극복을 위해 학교 옥상을 활용해 태양광 발전으로 재생에너지를 늘리고, 태양광 발전 수익을 내어 학생들에게 기본소득으로 나누어주자는 정책의 큰 그림을 그렸다. 이제 실현 방안에 대해 구체적으로 상상해야 할 때다.

· · · · · ·

태양광 설치할 때는 공사를 해야 하니 돈이 든다. 정책을 펼칠 때 고려해야 하는 것이 예산이다. 서울이라는 도시 하나를 놓고 구체적으로 상상을 시작해 본다. 서울에 초·중·고등학교 숫자를 합치면, 1,000개가 넘을 것이다. 공사비 지원 등 초기 시설 투자가 필요한데, 단번에 1,000개가 넘는 학교에 한꺼번에 지원할 만큼의 여력이 충분하지 않을 것이다. 이럴 때 정책적으로 쓰는 해법이 '점진적으로' 라는 현실적인 마법이다. 시작의 기준과 시점을 정하고 점차 확대할 방안을 제시하는 식이다. 점진적인 시작의 기준, 나의 픽은 중학교부터다.

우선 초기 설비비용을 생각하면 초등학교 숫자보다 중학교 숫자가 적다는 현실적인 이점이 있다. 작은 규모부터 먼저 시작해서 정책 효과를 긍정적으로 경험하면 정책을 확대할 때 훨씬 용이하다. 게다가 6년의 초등교육과 더불어 3년의 중등교육까지가 정부가 책임지고 해야 할 의무교육 과정이다. 중학교에서 재생에너지를 비롯해 기후위기를 벗어날 기후 교육과정이 포함되도록 교육도 변화시킬 수 있다. 학교 숫자나 의무교육 여부보다 더 마음이 동했던 이유는 태양광발전 수익을 기본소득으로 나눠준다는 정책 그림 때문이다. 초등학생과 학부모는 학교 입학 이전부터 아동수당을 받은 경험이 있다. 내란 사태 이후 출범한 정부는 만 8세 미만 아동에게 지급하는 아동수당을 만 12세까지 단계적으로 확대하겠다고 공약했다. 정책 경험이 겹치거나 특정 세대에 집중되지 않도록 중학교부터 시작하는 것이 좋겠다는 생각에 이르렀다.

2011년에 포이동 재건마을에 화재가 나서 주거 복구할 때까지 주민들과 함께 살았을 때, 아이들의 교육과 일상생활을 위해 후원금 모금을 했다. 후원금으로 당장 학교에 가기 위한 교복과 옷을 사고 준비물도 사고, 임시 공부방 운영을 위한 천막도 쳤다. 한창 자라는 아이들의 식사와 간식 그리고 야식도 후원금으로 해결했다. 한 가지 더 특별하게 한 것이 있다면 일주일에 한 번씩 용돈을 준 것이었다. 화재가

난 뒤 아이들과 돌아가면서 일대일로 시간을 보낸 적이 있었다. 공동생활은 괜찮은지 공부방에서 더 챙겨야 할 것은 없는지 같이 있을 땐 말 못 하는 이야기들을 나누기 위해서였다. 자주 돈 이야기가 나왔다. 부모님은 주거복구 때문에 생업을 위해 뛸 시간도 없이 마을 일에 매달려야 했고, 이 사정을 아는 아이들은 부모님께 용돈이 필요하다고 말할 수가 없었던 것이다.

아이들과 몇 번의 상담을 거치고 회의도 함께 하면서 공동생활하는 동안 공부방 후원금으로 매주 월요일마다 용돈을 주기로 정했다. 저마다 일주일 동안 필요한 돈이 달랐다. 화재 이전에 원래 용돈을 정기적으로 받았던 아이도 있었고, 필요할 때마다 받았던 아이도 있었다. 초등학생, 중학생, 고등학생 기준에 따라 용돈을 지급했다. 예를 들면, 초등학생은 5천 원, 중학생은 1만 원, 고등학생은 2만 원 같은 기준이었다. 초등학생과 중학생은 걸어서 학교에 갈 수 있었지만, 고등학생은 버스를 타고 가야 해서 교통카드 충전도 해야 하는 상황을 감안했다.

월요일에 학교를 마치고 마을로 돌아와 공동생활을 더 잘하기 위한 회의까지 마치면 용돈을 받는 일상이 추가됐다. 어느 날, 공동생활을 하던 마을회관 3층에 돼지저금통이 생겼다. 웬 저금통이냐 물으니, 아이들끼리 매주 천 원씩 저금하기로 했다고 했다. 다 같이 치킨을 시켜 먹기 위해 저금한다던 아이들은 어느 날 저금 용도를 바꿨다. 나중에 고생한 부모님들에게 따뜻한 밥 한 끼 대접하고 싶다고. 공동생활이 끝나가고 가을바람이 불어올 즈음, 아이들은 약속대로 자신들이 직접 장보고 요리한 음식을 부모님을 초대해 대접했다. 강남구청이 용역 깡패를 대동해 임시 복구한 집들을 두 번째로 부순 지 얼마 지나지 않았던 때였다. 아이들에게 처음으로 밥상을 받아본다며 감동했던 부모님들은 오랜만에 환하게 웃었다. 아이들이 선생님들과 함께 살고 있어 편히 머물 수 없었던 공간에서 처음으로 오랜 시간을 보냈다.

중학생에게도 돈이 필요하다. 학교 끝난 뒤 친구들과 편의점에 들러 간식과 함께 수다 떨며 시간 보내는 일도 돈이 있어야 가능하기 때문이다. 재건마을 청소년들과 함께 지낼 때 이 아이들이 돈이 없어 친구들과 함께 보내는 시간을 포기하지 않도록 용돈이 필요하다는 걸 배웠다. 누구에게나 필요한 돈을 천연자원으로 얻은 수익이라는 이유로 기본소득으로 돌려받는 세계의 중학생은 어떤 어른이 될까. 판동초등학교나 포이동 재건마을 사례처럼, 자신뿐만 아니라 주변 이웃과 사회와 더불어 살아가려 노력하는 어른이 될 것이라 믿는다. 천연자원에 감사하며 천연자원을 함께 지키려는 마음을 품고서 말이다.

······

구상이 끝났다면 구체적인 설계를 시작해야 할 단계다. 중학교 옥상의 평수가 어떻게 되는지 파악해서 태양광 설치에 필요한 비용과 예상 수익을 뽑아봐야 한다. 시민을 설득하기 위해서는 정책을 얼마나 구체적으로 설계했는지를 보여줘야 하는데, 가치적인 측면과 함께 실질적인 숫자로 표현할 준비도 해야 하기 때문이다. 학교 태양광 기본소득이 청소년과 학부모에게도 와 닿을 정책이 되려면, 1년 동안 얼마의 기본소득을 받을 수 있을지 제시할 수 있어야 한다. 매달 기본소득을 주기에 액수가 너무 약소하다면 새 학기마다 정기적으로 주는 방법도 있다. 구체적인 제안 역시 예산과 수익에 따라 선택하면

2025.11.25 KBS와 MBC에 생중계되는 정책토론회에 당을 대표해 나갔을 때. 언제나 국민을 설득할 논리와 사례를 최우선으로 준비한다.

된다. 그런데 이 일을 나 혼자 하기에는 벅차다. 여러 법을 검토하고 예산을 뽑는 일은 나보다 더 잘하는 이의 도움을 받아야 한다. 특히 다른 이에게도 매력적으로 들리는 제안인지 확인도 해야 한다. 그럴 때 외친다.

"나 갑자기 아이디어가 떠올랐어!"

지방선거 정책으로 준비해 보기로 했다. 그런데 선거 전에 이 책은 출판될 것이다. 다른 당에서 보고 공약으로 삼으면 어쩌냐고? 좋은 일이다. 내가 살고 싶은 세상에 조금 더 가까워지는 일이니까.

나를 위해
더 나은 선택을
할 시간

"계십니까."

모처럼 일정 없던 토요일이라 집에서 쉬고 있었다. 누군가 문을 두드렸다. 배달 음식 주문할 때도 '문 앞에 놓고 가 주세요'를 선택하는 시대다. 가스 검침하시는 분들이 아니면 두드려진 적 없던 문이라 대답할까 말까 망설였다. 엘리베이터도 없는 낡은 빌라 계단을 올라 문을 두드리는 노고도 마다하지 않는 게 혹시 종교인들인가 싶어서였다. 때마침 빌라 위층은 새로운 이웃이 이사 중이었다. 이사 때문에 양해를 구할 일이 있나 하는 생각이 번뜩 들었다. 두 번째 "계십니까" 묻는 소리에 무슨 일이냐고 물었다.

"공공개발 반대 서명을 받고 있습니다."

살고 있던 동네가 도심 공공주택 복합사업 후보지에 올랐다는 소식을 몇 년 전에 접했다. 건설사가 명절마다 명절 인사를 담은 현수막을 걸어 우리 동네도 후보지에 속한다는 것을 알렸다. 내가 사는 낡은 빌라도 포함된다는 것을 우리 집을 두드리는 소리에 알았다. 그와 닫힌 문을 사이에 둔 채로 "괜찮습니다" 답하며 거절했다. 나는 세입자일 뿐이고, 서명받는 분들이 말하는 '재산권 사수'에 해당하는 사람도 아니었다. 무엇보다 나는 공공개발을 찬성하는 사람이었다.

문 앞까지 갔던 발걸음을 침대로 돌렸다. 침대 위에 누우니 줄줄 따라왔던 고양이 두 마리도 침대 위로 올라왔다. 공공주택 복합사업 선정은 두 번 계약 연장해서 5년째 살고 있는 이 집을 떠나야 할지도 모를 소식이다. 고양이 두 마리와 함께 이사하는 건 만만치 않을 것 같다는 생각에 막막해졌다. 근사하게 새로 아파트를 지을 때 의무적으로 만들어야 할 공공임대주택이 아니면 다시 들어와 살 기회도 없을 거다. 정든 이 동네를 떠나긴 싫은데 주변을 알아봐야 하나. 아직 계약 기간도 남았고, 개발까지 밟아야 할 단계가 많이 남은 것 같으니 우선 생각을 멈추기로 했다.

시간이 지나 택배를 찾으려 문을 여니 종이 한 장이 스르륵 바닥에 떨어졌다. 아까 문을 두드렸던 분이 서명을 못 받았어도 유인물은 놓고 간 것이었다. 기대만큼 수익을 얻으려면 민간 개발해야 하니 공공개발 반대하자는 이야기가 잔뜩 쓰여 있었다. 주민들이 모이는 카톡방 주소도 적혀 있었다. 집 한 칸이든 땅 한 평이든 소유한 사람들이 더 많이 보상받으려고 자신의 시간을 들여 노력하는 사람들이 모여 있을 방이었다.

．．．．．．

나는 우리 당에서 부동산 문제를 자주 담당했다. 창당한 직후 치렀던 국회의원 선거에서 '집 없는 당신도 행복한 정치' 슬로건을 내걸고 출마했었기 때문이다. 당시 나는 LH공공임대주택에서 살고 있었는데, 초등학생 사이에서 어떤 집에서 사느냐가 놀림감과 차별의 이유가 되고 있다는 것을 알았던 터였다. 한국토지주택공사에서 지은 아파트인 휴먼시아에서 살면 '휴거지', LH공공임대주택에 살면 '엘사거지' 등 차별적인 날 선 말들이 아이들 사이에서 횡행했다. 어른들의 생각이 반영됐을 아이들의 말이 아팠고, 부동산 불평등을 줄이는 비전을 제시하는 선거를 하기 위해 부동산 정책을 집중적으로 익혔다.

전세 사기 문제가 불거졌을 때도 당의 대책기구를 만들었고, 담당자는 나였다. 전세 사기 피해자들은 책임 회피하는 정부와 피해자 탓하는 정치권의 말들 속에 지쳐갔다. 피해자 중에서 누군가는 나아질

게 없을 것 같다는 절망에 세상을 떠나고, 다른 이는 돌려받지도 못할 것 같은 보증금 대출 이자를 갚기 위해 일하다 과로로 세상을 떠났다. 전세 사기 피해자들과 같이 기자회견을 할 때면 피해자의 울분과 절망이 고스란히 전해져 나 역시 가라앉곤 했다.

집주인과 보증금 문제로 다퉈오던 피해자들은 자신 외에도 다른 피해자들이 있다는 사실을 알게 됐다. 이들이 모인 곳은 카톡방이었다. 같은 가해자에게 피해를 당한 사람들이 모여 있는 서글픈 카톡방. 사례를 모아 전세 사기 수법을 파악하고, 피해 규모를 추산해 법률 조언을 구하는 모든 일이 피해자의 몫이었다. 하고 싶은 일을 뒤로 미뤄가며 모은 피 같은 보증금을 날려버릴 위기에 더해 보증금 대출금까지 얹혀진 빚더미에 앉을 위험을 떠안을 수 없었기 때문이었다. 피해자들은 집에서 쫓겨날지도 모른다는 불안에 생업이 손에 잡히지 않아 전전긍긍했다. 잠을 줄여가며 상황을 파악하고 대책을 마련했다. 누군가는 휴가를 쓰고 피해자의 입장과 대책을 제시하는 기자회견이나 토론회에 나가야 했고, 정부가 주최하는 피해지원 설명회도 가야 했다.

공공개발을 반대하며 더 많이 보상받으려 애쓰는 사람들의 카톡방이 있다는 사실을 알고서 이 카톡방이 떠올랐다. 절절한 사연이 공유되거나 불안에 휩싸인 차가운 말들이 오고 갔을 전세 사기 피해자들의 카톡방. 겨우 모은 종잣돈을 빼앗길까 걱정하고, 살고 있는 집에서 내쫓길까 초조하게 일상을 버텨내는 사람들이 이리 뛰고 저리 뛸 시간이 없어 동동거렸을 마음이 떠올랐다.

소유한 사람이든 그렇지 않은 사람이든, 자신의 것을 지키기 위해 혹은 더 나은 선택이 무엇인지 알아보기 위해서는 시간이 필요하다. 모든 인간에게 유일하게 공평히 주어진 것이 있다면 하루가 24시간이라는 것이다. 나를 위해 더 나은 선택을 하려면 시간을 내야 한다. 시간을 내려면 생계를 위한 시간은 줄여야 한다. 하지만 자유로이 시간을 조절할 수 있는 사람과 생계를 위해 어딘가에 시간이 메어있는 사람의 조건은 분명 다르다. 시간을 온전히 자신의 의지대로 쓸 수 있는지를 결정짓는 불평등한 조건들이 불안함을 더욱 키우는 것은 아닐까.

⋯⋯⋯

경기도에서 청년기본소득 정책이 시행된 후 연구자들은 청년기본소득을 받은 사람들을 인터뷰했다. 정책 만족도를 살피기 위해서였다. 경기도에 앞서 성남시에서 청년배당이 시행되었을 때도 마찬가지였다. 심금을 울렸던 인터뷰는 청년배당 혹은 청년기본소득 덕분에 처음으로 과일을 사 먹었다는 것이었다. 과일이 몸에 좋다는 건 누구나 안다. 그런데 주머니 사정 때문에 과일을 장바구니에 차마 올릴 수 없었던 청년의 삶을 인터뷰가 일깨워 주었다. 옛날처럼 찢어지게 가난한 사람은 많이 없어도 여전히 장바구니에서도 빈부격차를 느끼게 하는 현실을 꼬집었다. 누군가 청년에게 지급하는 연 100만 원, 즉 월 8만 원 정도의 기본소득을 두고 기본소득이 아니라 기본용돈이라며 가치를 깎아내린다. 그들이 깎아내리는 건 제 돈으로 처음 과일을 사 먹었다는 애처로운 청년의 얄팍한 지갑 사정이지 않을까.

한창 기본소득당을 창당할 때, 우리는 기본소득이 들어간 당 이름 하나만 보고 가입해 준 사람들이 궁금해서 자주 물었다. 기본소득을 받으면 무엇을 하고 싶으냐고. 어떤 사람은 말했다. 간호조무사였던 그는 간호사가 될 수 있는 공부를 하고 싶다고. 지금은 먹고살기 바빠서 엄두도 못 내지만, 기본소득이 생기면 그만큼 일하는 시간을 줄여도 되니 그 시간을 공부하는 데 쓰고 싶다고 말이다. 시간은 금이라는 말, 아까운 시간을 허투루 쓰지 말라는 격언에서 다른 걸 볼 수 있다. 누구에게나 주어진 하루 24시간이지만, 돈이 없으면 자신을 위해 쓸 시간조차 없는 사람들이 있다는 것을 말이다. 청년기본소득은 딱 그만큼의 시간을 자기를 위해 쓸 수 있게 하는 자원이었고, 먹고 사느라 혹은 경쟁하느라 바쁜 청년에게는 자신을 돌아보게 하고 돌보게 하는 시간이었다.

　비상계엄 선포한 대통령이 파면되고 대통령선거가 끝난 뒤에 친구들과 통영의 섬 비진도로 여름휴가를 떠났다. 20대 초반에 통영의 고등학교 친구들과 비진도로 함께 여행 갔었는데, 그때 바다가 너무 예뻤던 기억이 생생해 다시 가고 싶었기 때문이었다. 낮에 수영을 한창 즐기고 함께 산책할 때였다. 환갑이 넘은 것 같은 한 여성이 우리에게 말을 걸었다. 사진을 찍어줄 수 있느냐고 말이다. 사진 찍을 핸드폰을 넘겨주면서 말을 보탰다. 자신이 혼자 비진도에 온 것을 아무도 믿지 않아 사진으로 증명해야 한다고 말이다. 사진을 여러 장 찍어드리면서 여러 생각이 스쳤다. 그동안 자신이 아닌 다른 사람들을 위해 주로 시간을 써서 이분이 놀러 갔다는 사실을 믿지 않는 걸까. 아니면 이분은 혼자 해낼 수 없을 것이라 생각해 믿지 않는 걸까. 모르는 사람에게 사진 찍어 달라고 부탁해서 환갑 넘은 여성도 혼자서 배를 타고 여행할 수 있다는 것을 증명하고 싶어 하는 여성의 행복한 미소를 여러 장 사진으로 담아드렸다.

자신을 돌보기 위해서 어떤 시간을 보낼 것인지, 혼자서 무엇을 해낼 수 있을지 상상해 보게 하는 것. 나는 기본소득이 우리의 삶에 상상력을 더해주는 동시에 우리의 결핍을 드러내 불평등을 줄이는 데도 큰일을 해낼 것이라고 믿는다.

······

시간을 어떻게 쓸지 선택할 수 있는 자유야말로 한 인간이 자신의 의지대로 자유롭게 살아가게 할 힘이다. 전세 사기를 당해 지금 당장 할 수 있는 일이 무엇인지 알아봐야 할 때, 회사에서 폭력적인 상황에 노출되어 치유가 필요할 때도 우리는 시간이 필요하다. 일 대신 지금 내게 절실한 것을 선택할 수 있는 자유는 소득 없이 실현하기 어렵다.

"기본소득은 만능이 아니다."

맞는 말이다. 기본소득이 생긴다고 온전히 자신을 위한 선택할 자유가 저절로 보장되지는 않는다. 촘촘한 사회복지와 함께 기본소득이 주어져야 더 폭넓은 자유를 누릴 수 있다. 그리고 자신을 위한 선택을 할 수 있는 힘을 길러야 한다. 그 힘을 기르는 건 교육이다.

대학교 2학년일 때 아주 인상깊게 읽은 책이 있다. 『희망의 인문학』 이라는 책이다. 노숙인이나 가난한 사람들에게 인문학 강좌를 열면서 그들 스스로 가치 있는 사람이라고 성찰하게 만든 과정을 담은 책이다. 그들은 철학을 배우고 시를 읽으며 예술 속에서 자신의 삶을 되돌아본다. 금은보화를 가진 부자가 아니어도 마음의 부자가 되게 만드는 힘은 삶을 풍요롭게 만들고, 자신을 위한 선택을 하게 할 힘까지 기르게 한다. '클레멘트 코스'를 만들어 낸 저자는 전 세계에서 클레멘트 기적이 일어나기를 꿈꿨고, 대한민국에서도 20년째 이 길을 걸어가는 사람들이 있다.

나는 희망의 인문학을 실천하는 사람들을 직접 만날 기회는 아직 없었지만, 가난한 사람들이 스스로 결정하는 삶을 살아가기 위해 서로 돕는 공동체를 만든 곳을 자주 찾는다. 서울 한복판 서울역 인근의 동자동 쪽방촌에 사는 사람들이 만든 동자동 사랑방이다. 쪽방촌 주민 중에 노숙을 경험한 사람도 많다. 쪽방은 보증금이 없어 노숙인이 되기 전 마지막 보루처럼 여겨진다. 한 평도 되지 않는 공간의 월세는 서울 기준 주거급여 금액과 맞먹는다. 평당 가장 비싼 월세를 내고도 주거권을 인정받지 못하는 사람들이 열악한 환경에서 산다. 쪽방이 밀집한 골목 1층에 자리 잡은 동자동 사랑방에는 늘 주민이 있다. 한 달에 두 번 골목을 함께 청소하고, 외롭게 세상을 떠난 이들의 장례를 챙기는 것도 주민의 몫이다. 명절마다 십시일반 돈을 모아 마을 잔치를 열어 서로의 안부를 챙긴다. 복지가 후퇴하면 가난한 사람 입장에서 비판의 목소리를 내고, 집다운 집에서 살 권리를 외치며 정부가 약속한 공공개발을 이행하라 요구한다.

자신도 존엄하게 살아갈 권리를 가진 가치 있는 존재라는 걸 깨닫는 일은 서로 배우고 돕는 주민 공동체가 있었기에 가능한 일이었다. 동등한 시민으로서 목소리 내는 것을 주저하지 않았던 그들은 탄핵 광장에서 떡을 나누며 시민을 응원하기도 했다. 동자동 쪽방촌 주민들이 목소리를 내기까지 그들의 곁에서 공동체를 함께 일군 '간사'라는 이름의 또 다른 동료 시민들이 있었다. 명절마다 열리는 마을 잔치에도 늘 자원활동가들이 함께 일을 돕는다. 이들이 동자동 쪽방촌에서 기꺼이 시간을 내는 이유는 주민과의 연결을 통해 세상을 배우는 것이 자신의 삶을 더 풍족하게 하기 때문일 것이다. 자신의 절실한 문제를 해결하기 위해서뿐만 아니라 약자와 연결되는 시간을 선택할 수 있게 할 자유의 확장, 이 역시 기본소득이 만들어 낼 서로를 풍족하게 할 삶의 변화이지 않을까.

나를 위해 더 나은 선택을 하기 위해서, 그리고 내가 살아갈 동네와 사회를 위해 모두에게 더 좋은 선택을 함께 논의하고 설득하기 위해서 우리에겐 시간이 필요하다. 기본소득이라는 자원이 있다면 그 시간을 선택할 용기를 북돋을 것이다. 그런 용기를 기꺼이 낼 수 있는 사람들이 많아질수록 모두가 존엄하게 살아갈 세상이 가까워진다.

종종 대학생들이 수업 과제를 위해 인터뷰 요청을 한다. 어느덧 점점 나이 차가 커지고 있다는 걸 깨달은 나는 청년 세대의 생각이 궁금해 그들의 요청에 가급적이면 응답하는 편이다. 어떤 날은 동물권 관련 인터뷰를 했었는데, 학생 중 한 명이 물었다. 동물권 이야기를 하면 가시 돋친 말들로 공격하는 일이 많아서 이야기를 꺼내기 어려울 뿐만 아니라 마음의 상처를 입을 때도 있다고 말이다. 공존을 위해 새로운 보편의 기준을 세우는 일은 참 지난한 길이어서 나도 어렵다고 느낄 때가 많다고 답했다. 그리고 회피하기보다 목소리 내는 용기를 내는 일에 더 많은 사람이 함께해주길 바란다고도 보태며 말했다.

"아무것도 하지 않으면 아무 일도 일어나지 않으니까요."

세상의 변화를 꿈꾸는 사람들이 자유롭게 변화를 위해 작당일 수 있는 시간, 그 시간을 선택할 수 있는 용기. 기본소득이 키울 수 있는 더 나은 선택을 위한 힘이다.

2부

고양이가
내게 가르쳐준 것들

길 위의
지오 선배

2019년 10월, 드물게 옥빛의 눈 색깔을 품고 있는, 내게 와서 더 특별해진 고양이 지오를 입양했다. 애교쟁이에다가 집사가 집에 있으면 뒤를 졸졸 따라다니며 많은 시간을 집사 곁에서 보내는, 그야말로 사람을 너무나 좋아하는 고양이를 사람이라면 버렸을 리 없다고 믿고 싶었다. 왜 이 예쁜 아이를 버렸을까, 상념에 빠졌다가 이내 접었다. 버린 이유를 고민하는 것 자체가 함께 살 수 없는 이유가 있다면 버려도 된다는 생각의 다른 표현인 것만 같아서. 길에서 살아남지 못할 게 뻔한 성격을 가진 고양이를 유기하는 건 어떤 이유에서든 죽음으로 내몬 것과 다름없는 것 같아서. 지오와의 '묘연'은 인간의 악한 면과 선한 면 모두를 마주하게 했다.

······

난 P다. 16개 유형으로 인간을 분석하는 MBTI 유형에 따르면, 계획형 인간이 아닌 즉흥형 인간이라는 의미다. 즉흥과 충동은 나의 삶 곳곳에 묻어있다. 지오와의 묘연도 그랬다. 어느 날, 기후위기가 심각하다는 것이 가슴에 팍 꽂혔다. 먼저 든 생각은 이제 망했다는 것이었고, 이어서 든 생각이 그러니 고양이를 입양해야겠다는 것이었다. 생명체가 지구에서 살아갈 수 있는 시간이 갉히고 있어도 내가 살릴 수 있는 생명이라도 구해보자는, 얼마 남지 않은 시간이라 하더라도 좋은 일을 해보자는 즉흥적인 결정이었다. 최대 30년 거주할 수 있는 국민임대주택에 당첨되고 이사까지 마친 뒤 비로소 경험한 집에 대한 안정감이 새 생명을 들여도 되겠다는 즉흥적 결정의 토대였다.

수많은 생명 중 고양이를 택한 건 그 어떤 선택보다 신중히 나를 분석한 결과였다. 시민단체에서 8년을 일하고 받은 퇴직금 대부분을 기본소득당 창당 자금으로 보탰을 정도로 창당에 매진하며 바쁜 시기였다. 반려견을 주제로 한 예능프로그램에서 반려견을 키우려면 매일 산책할 수 있는 여건이어야 한다는 조언을 반복해 내보내던 시기였다. 산책을 취미로 삼아본 적 없을 정도로 나를 산책시키지도 못하는 사람이 강아지 산책을 매일 시킬 수 있다는 건 허풍에 지나지 않을 것이다. 집 밖을 나가는 걸 싫어하는 영역 동물인 고양이, 집 안에서 장난감으로 사냥 놀이하며 스트레스 해소하는 고양이, (이제는 고양이마다 다르다는 걸 알지만 그때 당시에 알기론) 하루에 한 번 밥을 주면 배고플 때마다 알아서 먹는 고양이. 늦은 귀가가 일상이며 혼자 사는 내게 딱 맞는 반려동물이 고양이라고 봤다.

들고 다니는 소지품 중 가장 비싼 축에 끼는 핸드폰 바꿀 때도 난 언제나 충동적이었다. 가격을 알아보고 간 적도 없고, 기종을 결정하지 않은 채로 간 적도 많다. 오직 고려하는 것은 핸드폰을 완전히 교체하는 데 걸리는 1시간 남짓 연락이 되지 않아도 일정에 차질이 생기지 않는지였다. 문득 오늘 핸드폰을 바꿔야겠다 싶으면, 평소에 자주 지나다니는 거리에 있는 매장으로 훅 들어가서 새 핸드폰을 기쁜 마음으로 안고 나왔다. 누군가는 '호갱'이라며 혀를 끌끌 차겠지만, 이것저것 알아보는 진을 빼지 않아도 핸드폰 바꿨다는 것만으로도 제대로 기분 전환이 되는 성격 탓인지 충동적 결정을 후회한 적은 별로 없다.

고양이 입양을 결심한 내가 평소의 방식대로 실행해야겠다 싶었다면 주저 없이 펫샵으로 갔을 것이다. 고양이 입양을 결심하기 전에도 투명한 유리창 너머에 아기자기하게 예쁘게 생긴 강아지와 고양이에게 시선이 뺏겨 펫샵 앞에서 멈춰 섰던 적도 있었다. 그런데 실행 방식이 충동적일 때가 많았던 내게서 고양이 입양할 때는 계획형 인간의 면모를 발견했다. 고양이를 키우는 삶으로 들어가는 건 처음이라, 집사 세계 입문자처럼 인터넷 커뮤니티와 유기 동물 입양 플랫폼인 '포인핸드'에서 헤매며 정보를 수집했다.

충동적으로 펫샵에 가지 않은 게 다행이었다. 펫샵에 진열된 동물들은 출산을 위해 공장에서 찍어내듯 강제 수태가 빈번히 이뤄지는 공장식 번식업과 연결된 경우가 많다고 했다. 주인에게서 버려지는 유기 동물은 너무 많았고, 길에서 살다 차에 치이거나 사람에게 학대받거나 병에 걸리거나 영역 싸움으로 다치는 경우도 허다했다. 생명을 구하겠다는 마음으로 입양하는 거라면, 동물의 고통 위에 서 있는 펫샵 유지에 도움되게 할 것이 아니라 유기 동물을 입양하는 것이 맞겠다는 결론에 자연스레 닿았다.

난데없이 계획형 인간 면모를 발휘하게 되니 매일 밤 잠자기 전 일과가 새로 생겼다. 포인핸드에서 유기 동물 입양 홍보 게시물을 찾아보고, 인터넷 커뮤니티에서 집사에게 유용한 정보를 살피는 일. 즉흥적인 나조차도 '바로 이 고양이다!' 달려들지 않았던 건, 어쩌면 '죽음이 우리를 갈라놓을 때까지'라는 익숙한 말처럼 둘 중 하나가 세상을 떠날 때까지 한번 맺은 '묘연'을 끊지 않겠다는 책임감이었을지도 모르겠다.

　일주일 동안 포인핸드를 계속 들여다보게 하는 아이가 생겼다. '품종: 친칠라, 2세 추정', 회색의 긴 털을 가진 고양이는 보호소에 들어가기 이전에는 사람과 살았던 것이 분명했다. 내가 좋은 집사가 될 수 있을까. 고양이의 사진을 들여다보며 내게 질문하며 며칠을 보낸 사이, 더 이상 친칠라 사진이 보이지 않았다. 사진 자리에는 검은 바탕에 국화꽃이 놓인 그림이 대신 올라가 있었다. 아파서 죽은 걸까, 아니면 입양되지 못해서 안락사된 걸까. 입양 의사가 있다고 전화라도 해볼 걸 그랬나. 숙제 미루듯 입양을 미뤄온 게 애처로운 한 생명을 멀리 떠나보낸 것만 같아 자책이 몰려왔다.

……

　기후위기 때문에 망할 것 같은 세상에 생명 하나 살려보자던 앙큼맞은 결심이 이토록 허약해서 되겠나 싶었다. 평소대로 빠르게 실행하자. 집 근처 동물병원부터 검색했다. 유기동물 보호센터에서 데리고 나오면 제일 먼저 건강부터 체크해야 하니까. 버스로 세 정거장 거리에 있는 동물병원, 심지어 인기 방송인 「TV 동물농장」에도 병원장이 출연했다는 것만으로도 믿음이 마구 생기는 병원 블로그에 들어 갔다.

'양웅이 입양처를 구합니다.' 금요일 밤, 운명처럼 그 글을 봤다. 포 인핸드에서 알아버린 내 취향대로 회색빛이 도는 털옷을 입고 덜 고 양이다운 납작한 코와 넙데데한 얼굴형을 가진 고양이. 흔히 알고 있 는 노란 눈이 아닌 옥색의 눈을 가진 두 살 추정의 양웅이. 이번엔 망 설이지 말아야지. 토요일에도 병원 문을 여니 전화를 걸었다. 나처럼 양웅이에 한눈에 반한 사람이 있어서 먼저 문의했으면 어쩌나 떨리 는 마음으로.

2020년 1월, 함께 산 지 100일이 지났을 무렵의 지오. 미모에 반했다.

"저 블로그에 입양처 구하는 글 보고 전화드렸는데요, 혹시 입양됐나요?"

"아니요, 아직 입양 안 됐어요. 직접 보러 오셔도 돼요."

"그럼, 오늘 갈게요!"

전화를 끊고 바로 병원으로 향했다. 지금은 혼자 가지만 나중엔 집에서 고양이와 함께 병원 갈 길이라고 생각하며 설레는 마음으로, 이사한 지 얼마 되지 않아 여전히 낯선 길에 익숙해지려 버스 창가로 스치는 주변을 하나하나 눈에 담았다.

자동문 버튼 하나를 누르는 데도 가슴이 콩닥댔다. 동행한 동물 없이 병원에 온 손님을 '무슨 일로 왔나' 쳐다보던 간호사에게 양옹이 보러 왔다고 하자 환한 웃음으로 반겨주었다. 치료 후 들어가 쉬는 네모난 공간의 유리창 너머에 고양이 한 마리가 목에 플라스틱 넥카라를 한 채로 앉아 있었다. 첫눈에 반하게 만든 블로그 사진조차 고양이의 예쁜 모습을 미처 담지 못했다고 느낄 만큼, 양옹이는 너무 예뻤다. 낯선 사람의 손길을 싫어할 것 같아 그저 미소를 머금고 바라보고 있는데, 간호사가 유리 창문을 열어 장난감을 넣고 흔들며 고양이의 시선을 끌며 말했다.

"병원에 온 지는 한 달 정도 됐어요. 다른 고양이한테 세게 물린 걸 보고 구조해 주신 분이 병원에 데려왔어요. 회사 근처에 갑자기 나타나서 밥 챙겨준 지 3개월 정도 됐다고 하더라고요. 치료하다가 임신한 걸 알았어요. 세 마리를 낳았는데, 새끼들은 얼마 못 살고 죽었어요. 보시면 아시겠지만, 사람도 너무 좋아하고 길에서 살아남을 성격이 못 돼요. 근데 구조하신 분이 입양할 처지가 아니어서 중성화 수술까지 마치고 입양 홍보 글을 올렸는데, 올리자마자 전화 주신 거예요. 고양이 키우세요?"

고양이와 살아본 적 없는 나를 자격 미달이라 여길지도 모른다는 생각에 어색한 표정으로 고양이 입양이 처음이라 답했다. 걱정과 달리 고양이 성격이 딱 외동냥이라며 기뻐했다. 치료하는 동안 긴 연휴가 있는 추석이 있었다. 양옹이 혼자 병원에 둘 수가 없어서 고양이 한 마리, 강아지 한 마리와 같이 사는 간호사가 양옹이를 명절 동안 데려갔다고 했다. 병원에서는 치료하는 내내 워낙 얌전하고 사람을 좋아해서 몰랐는데, 고양이와는 쉽게 친해지지 않고 강아지는 볼 때마다 때렸다고 했다. 양옹이를 구조한 분은 강아지와 함께 살고 있고, 같이 사는 부모님 역시 고양이 입양은 한사코 반대하는 것이 입양처를 구하고 있는 이유라고 했다.

블로그에서 처음 봤을 때부터 이미 입양할 마음이었던 나는 양웅이를 입양하고 싶다고 서둘러 밝혔다. 간호사는 웃으며 구조하신 분께 여쭤보고 연락을 주겠다고 했다. 병원 블로그에 글이 올라왔으니, 병원에서 입양을 책임지는 줄 알았는데, 고양이 구조의 세계는 달랐다. 다친 동물을 병원에 데려온 사람이 구조 동물의 보호자가 된다. 그가 병원비도 책임진다. 자선 사업만 할 수 없는 병원 입장에선 어쩌면 당연한 일이다. 병원에서 입양 홍보는 했지만, 입양 결정은 양웅이를 데려온 구조자의 몫이다.

양웅이는 한눈에 봐도 사람과 살았던 게 분명했다. 어떤 품종이라고 확신에 차 말할 순 없어도 '코숏'이라 불리는 한국 길냥이와는 다르게 생긴 외모였다. 두 살 추정이라던 병원에서도 길에서 산 지는 얼마 되지 않은 것 같다고 진단했다. 양웅이와 같이 살았다면 길에서 살아남지 못할 것도 알았을 것이다. 겁이 많아 호기심에 바깥으로 뛰쳐나갈 성격도 못 되는 고양이가 길에서 구조됐다. 양웅이는 사람에게 버림받았을 가능성이 컸다. 그 이유와 방식이 무엇이 됐든 유기라는 결과를 만들어 낸 사람이 있고, 버림받은 동물을 돌보다가 다친 것을 발견하고 병원비도 자신이 책임지겠다며 구조한 사람이 있다. 누군가는 다치게 하고, 누군가는 낫게 한다.

······

성정대로 초고속 입양 준비를 했다. 금요일 밤 블로그를 보고, 토요일에 양옹이 실물을 보고, 월요일에는 구조하신 분과 인사를 나누고, 드디어 화요일, 양옹이를 집으로 데려올 날이 왔다. 그 사이 베란다 방충망 위에 직접 만든 방묘창을 덧댔다. 혹시나 방충망을 긁어 찢어지더라도 떨어지지 않게 하는 용도였다. 화장실 모래와 사료, 장난감과 이동장까지 마련했다. 처음으로 이동장을 드는데, 혹여나 실수해서 떨어뜨리면 어쩌나 불안했다. 그러면 고양이가 깜짝 놀라 도망갈 텐데, 버린 게 아니라 이런 식으로 고양이를 잃어버린 건 아닐까. 이 예쁜 아이를 사람이라면 버렸을 리 없다고 믿고 싶었던지, 괜한 상상으로 집사 입문자인 스스로를 더 불안하게 하며 병원에 도착했다.

입양 가면 보통 임시 보호할 때 이름이 아닌 새 이름으로 묘생을 시작한다고, 간호사는 양옹이의 새 이름을 정했느냐고 물었다. 내가 택한 이름은 지오, 거친 길 생활도 하고 출산의 경험도 있는 지오가 인생의 '선배' 같아서 붙인 이름이었다. 드라마 덕후인 내게 '선배'하면 떠오르는 이름이 「그들이 사는 세상」에서 언제나 선배라는 호칭과 덩달아 함께 불렸던 극 중 이름이었기 때문이다.

지오라는 새 이름을 붙인 고양이와 함께 이사한 지 채 한 달도 되지 않은 내 집으로 들어왔다. 지오가 집 탐방을 하기 좋은 자리에 이동장을 내려놓고, 나오자마자 밥과 물을 먹을 수 있게 보이는 곳에 둔 다음 이동장 문을 열어놓았다. 그리고 검색한 대로 모른 척하기 시작했다. 어떤 고양이는 며칠 동안 침대 밑처럼 어둡고 잘 보이지 않는 곳에 숨어 적응할 때까지 시간이 필요하다고 했다. 신경은 잔뜩 지오 이동장이 놓인 자리에 쏠려 있는데도, 모르는 척 설거지를 하며 거리를 뒀다. 술 한잔하러 나오라는 친구의 연락에도, 지금 막 입양한 고양이와 집에 도착해서 고양이와 시간을 보내야 할 것 같다고 평소와 다르게 딱 잘라 거절했다.

30분 정도 집안일하며 딴청을 피웠을까. 이동장을 쳐다봤는데 지오가 사라지고 없었다. 어디 갔나 가슴이 철렁한 것도 잠시, 플라스틱 넥카라가 부딪히는 소리가 베란다 쪽에서 들렸다. 슬쩍 내다보니, 지오는 꼬리를 반쯤 내리고 집 탐색 중이었다. 9층 아파트의 통창인 베란다는 고양이의 텔레비전 역할을 톡톡히 해내고 있었다. 도둑고양이처럼 슬금슬금 다니려고 해도 넥카라 부딪히는 소리에 금세 위치가 탄로났지만, 못 들은 척 신경 쓰지 않는 척하며 시간을 보냈다. 다음 날 출근을 위해 자야 하는 시간이 됐다. 불을 끄고 침대에 누우

니, 지오도 침대 위로 올라왔다. 소리도 나지 않는 가뿐한 점프, 역시
고양이었다.

······

동물 유기는 벌금 내는 범죄지만, 매년 10만 마리가 넘는 동물이
버려지고 모두가 입양을 가는 건 아니다. 누군가는 지오가 운 좋다
고 말할지 모르지만, 운이 좋은 건 나였다. 사람과 살았던 게 분명한
지오는 이른바 야생성이 없었다. 초보 집사가 적응해야 하는 큰 장벽
이 애초부터 없었던 셈이다. 댕그랗게 눈 뜬 사진 보고 반했는데, 함

께 살다 보니 필요한 게 있을 때나 긴장할 때 댕그란 눈이 나타난다는 것도 알게 됐다. 지오는 눈을 게슴츠레 뜨고 볼도 부풀어 오르는 찌부러진 얼굴을 하곤 하는데, 남들은 기분이 안 좋은 것 같다고 오해해도 집사인 나는 더없이 편안하고 안정감을 느낄 때 볼 수 있는 얼굴이라는 걸 안다. 머리를 손톱으로 사근사근 긁어주면, 안 그래도 앙증맞은 코가 더 작아지고 눈까지 감고 기분 좋음을 즐긴다. 발이든 등이든 자신의 신체 일부를 집사에게 닿게 한 채로 잠들고, 한밤중에는 뛰어다니지 않아 집사의 잠을 설치게 하지도 않았다.

'우리 지오 이상형은 처음 보는 사람'이라고 농을 던질 정도로, 지오는 집에 놀러 오는 모두에게 볼을 비비며 환대했다. 집사가 먹는 모든 음식을 궁금해할 정도로 호기심이 많아 집에서 뭔가 먹을 때마다 자주 곁에 머물렀고, 혼밥도 외롭지 않았다. 사람에게 버림받아 몇 개월을 고생했을 지오는 사람을 겁내거나 미워하기는커녕 언제나 애정을 표현했다. 지오가 다른 방에 멀찍이 떨어져 혼자만의 시간을 즐길 때도, 부르면 어슬렁어슬렁 호랑이 걸음으로 내게 왔다. 겁도 많으면서 호랑이인 척하는 게 너무 귀여워 "꺅" 소리를 내며 어루만지면 지오는 배도 만지라고 드러눕곤 했다.

어느 날 집에 놀러 온 친구가 말했다. 단호하고 뻣뻣하게 날이 선말로 기자회견 할 때와는 너무 다르게, 사랑스러워 죽겠다는 눈빛으로 지오를 바라본다고. 집사가 되고 나서 전에 느껴본 적 없을 만큼 한 생명을 이토록 사랑할 수 있다는 걸 지오가 알려줬다. 운이 좋은 건 나였다.

30년짜리 집을
포기하다

남들보다 가난하기만 하면 30년 동안 걱정 없이 살 수 있는 집. 하늘 높은 줄 모르고 오르기만 해서 사는 건 꿈도 꾸지 못하는 사람들이 그래도 살고 싶어 줄을 서는 집. 한밤중에 '집 주인'이라는 소리와 함께 여성 혼자 사는 집 문을 두들겨 대는 소리에 놀라지 않아도 되는 집. 복도에 센서등이 깜빡거리며 제 역할을 못 할 때, 이런 것은 집 주인이 수리 요청을 거절하지 않을까 전전긍긍하지 않아도 될 세입자 권리가 그나마 존중되는 집. 그 집의 이름은 국민임대주택이다.

치열한 경쟁률을 뚫고 국민임대주택에 당첨됐다. 최고 점수를 받은 항목은 주택청약통장을 5년 이상 유지한 것 하나였다. 지원할 수 있는 기본 자격을 갖춘 대상자 중에 추첨해 선정하는 방식 덕분에 당첨의 행운을 안았을 것이다. 복권은 말할 것도 없고, 참석한 행사에

2020년 1월. 지오와의 동거를 결심하게 한 최대 30년 살 수 있는 LH임대주택, 이곳에 잠시 살았다.

서 추첨권 뽑아 상품 주는 이벤트에도 당첨된 적이 없는 내게는 다시 오기 힘들 행운이었다. 상경한 뒤 오랫동안 따로 살고 있는 부모님은 주변보다 저렴하고 이사하지 않아도 되는 집을 얻게 된 것을 더없이 기뻐했다. '이제는 가족을 들여볼까' 하는 새로운 삶에 대한 도전도 품게 하는 안정을 주는 집. 그렇게 고양이 지오와 가족이 되어 새 세상을 열게 해준 고마운 나의 집.

그 집에서 지오와 함께 산 지 1년도 채 되지 않아, 내게 굴러온 행운을 스스로 떠나보내야 하는 큰 결심을 해야 했다. 남들보다 가난해야 한다는 국민임대주택 자격을 벗어난 것은 아니었다. 대학을 졸업

하고 직장 근처로 이사가자며 선택한 8년 동안의 경기도민 신분을 벗어나 다시 서울시민이 되어야 했다. 서울시장 출마 자격은 만 25세 이상의 서울시민에게만 있기 때문이었다.

기본소득당을 창당한 지 6개월이 되어가던 2020년 7월에 서울시장 보궐선거가 예고됐다. 전임 시장의 성폭력 문제가 불거져 치르게 된 선거여서 성평등이 주요 화두였다. 대한민국 수도 행정 수장을 뽑는 선거니 전국의 이목도 집중되는 선거였다. 신생 정당 입장에서는 당을 알릴 수 있는 도전의 기회였다. 성평등 의제를 중요하게 생각하고, 당의 온 힘을 모아 선거를 치를 수 있을 직책을 가지고 있어야 했으며, 이목을 끄는 선거의 후보로서 중압감을 견뎌낼 경험 있는 후보를 세워야 했다. 내가 당 대표 임기를 시작한 지 한 달 만에 결심해야 했다.

이름도 알려지지 않은 '무명'에 가까운 정당이 1천만 명에 가까운 서울시민에게 기본소득 비전을 알릴 수 있는 도전. 하지만 말 그대로 서울시민에게 '듣도 보도 못한' 낯선 정당이기에 당선을 꿈꾸기 어려워 누구나 결말이 뻔하다고 여길법한 도전. 이 도전에 나서려면 국민임대주택을 포기하고, 스스로 떠나왔던 서울로 다시 돌아가야만 했다. 그것도 고양이 지오라는 새로운 가족과 함께.

。。。。。。

고등학생일 땐 늘 서울에서의 삶을 꿈꿨다. 통영이라는 작은 도시를 벗어나고 싶었고, 대도시의 커리어우먼이 되어 일과 삶을 즐기고 싶었다. 내 분야에서 최고가 되기 위해 밤낮 없이 뛰다가 침대에 풀썩 쓰러지듯 하루를 마감하는 삶에 열정이 가득한 것만 같았다. 서울은 한계 없는 꿈에 도전할 기회가 열려 있다는 희망을 품게 했다. 사는 데 도움이 될지 아닐지 모를 공부의 지겨움은 사회과부도 책을 펼쳐 서울 지도 위에 그려진 '인서울 대학교' 하나하나에 형광펜을 칠하며 떨쳐내려 애썼다. 손가락 사이를 흘러가는 물처럼 잡히지 않아도 촉촉한 감각이 남아 희망을 계속 좇게 하는 서울에서의 삶을 대학 입학으로 시작했다. 언젠가 원하는 곳까지 가닿을 수 있다고 등 떠미는 도시인 서울은 아무리 앞으로 내달려도 뚫지 못하는 벽인 불평등이 있다는 걸 똑똑히 가르쳐 줬다.

대학시절부터 했던 발달장애인과 만나는 자원활동이 너무 좋아서 졸업 직후였던 2011년부터 자원활동을 업으로 삼아 시민단체에서 일하기 시작했다. 다녔던 대학 근처이자 사무실 근처였던 마포에서 살 때였다. 장마철 폭우가 내릴 때 천장 가장자리 빈틈에 물이 스며

들어 천장 벽지가 언제 터질지 모를 풍선만큼 부풀었다. 아무리 봐도 옥탑방을 무리하게 지은 게 이유인 듯했다. 그 바로 아래 행거에 걸린 옷들 위로 큰 비닐을 씌운 뒤 천장 벽지를 바늘로 뚫어 바닥에 놓인 대야에 물이 떨어지게 하며 장마철을 보냈다. 똑똑 떨어지는 물소리는 길가에 쌩쌩 내달리며 속도를 느끼게 하는 차 소음도 뚫고 귓가에 울렸다. 그렇게 한참을 잠 못 들 때면 서울에서 집다운 집에서 살게 될 날이 올 거란 희망은 점점 멀어져가는 것 같았다. 일에서 열정을 채우면 집에선 열정을 갉아 먹혔다.

일터가 고양시로 옮겨갈 때 '직주근접'이 삶의 질을 높인다는 생각으로 나 역시 덩달아 이사했다. 똑같은 전세보증금인데 서울과 고양시의 집 상태가 현저하게 달랐다. 서울에서나 이사한 고양시에서나 집에 잠시 머무르는 나날이 많았어도 삶은 달라졌다. 누구도 내게 큰 관심 없을 것만 같은 익명성을 만끽하는 서울과는 달리 좋아하는 단골 가게를 늘려나가며 동네에 대한 애정도 생기게 했다. 우연한 계기로 만난 친구들은 서로에게 소개에 소개를 거듭하며 새끼 치듯 늘었다. 친구들과 먼 곳으로의 여행도 함께 가고, 내가 살고 있는 곳을 더 좋게 만들 작당도 하며, 내일을 꿈꾸는 것도 재밌었다. 그렇게 보낸 시간이 6년이었는데, 기본소득당을 창당하면서 고양시 친구들과 일상을 보내는 시간도 퍽 줄어 아쉬워하던 찰나였다. 서울로 이사한다면 거리마저 더 멀어지는 것이었다.

그래도 고양시와 가까운 서울로 이사하면 예전 같진 않더라도 인연은 이어 나갈 수 있을 것 같았다. 30년 거주할 수 있는 국민임대주택을 포기하고, 2년마다 이사해야 할지도 모르는 세입자가 되는 건 아무래도 괜찮았다. 국민임대주택도 결국 내 집은 아니지 않은가. 국민 손에 선출되는 공직자가 되면 국민임대주택 거주 자격인 소득 기준을 넘어 어차피 국민임대주택에서 살 수 없는 처지가 될 것이니 미리 꿈을 향해 간다고 생각하면 그만이다. 10대 소녀일 땐 그토록 갈망했던 서울살이를 다시 시작하려 하며 망설여졌던 건 2020년 여름은 전세가격도 점점 오를 정도로 부동산 가격이 출렁였던 시기였기 때문이다. 같은 보증금이어도 서울과 그 외 지역의 집 상태가 얼마나 다른지 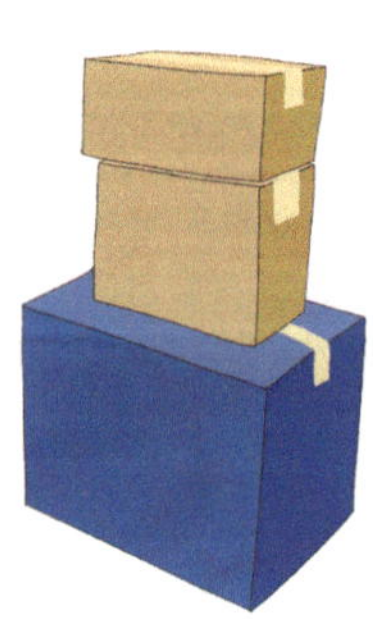 실감했는데, 기본소득당 창당하겠다며 전업 정치인으로 나서며 까먹기까지 한 보증금으로는 집다운 집에서 살아갈 수 없다는 게 목에 걸린 생선가시마냥 불편했다. 심지어 천운으로 당첨된 국민임대주택은 다시 살아갈 기회가 없을지도 모를 신축 아파트였으니 말이다.

기후위기를 인식했을 때 '멸망하겠네' 싶었던 기후 우울증 같은 게

도졌던 걸까. 아니, 어쩌면 망한 것 같은 세상이 진짜 잘못되기 전에 진짜 기본소득이라도 이뤄보려고 뭐든 해보자는 객기 때문이었을까. 무엇보다 정치인으로 많은 국민에게 알려질 수 있는 기회인 점도 국민임대주택을 떠나도 좋다고 마음먹는 데 한몫했다. 목에 가시가 걸렸을 때 밥알이든 물이든 삼켜 한시라도 빨리 불편함을 없애려는 것처럼, 보증금 문제는 대출로 해결해 보자는 치기로 불편함을 치워버렸다.

······

'동네는 아무래도 고양시에 편히 오갈 수 있게 3호선 지하철이 있는 곳이 좋겠다', '그래도 예전처럼 맘 붙일 수 있는 동네가 좋지. 그러려면 조금이라도 연이 있는 곳을 골라볼까' 그래서 은평구를 골랐다. 서울로 대학가는 걸 반대하는 부모님께 '보내만 주면 용돈은 알아서 해결하겠노라' 큰소리쳤던 약속을 지키려 대학 다니면서 생활비 벌려고 과외를 했던 동네였다. 그리고 창당하기 전에 시민단체에서 일하며 담당했던 자원활동 때문에 은평구에 사는 발달장애청소년들과 한 달에 한 번 나들이하려고 오갔던 곳이기도 했다.

전세보증금은 70% 정도 대출되니 감당할 수 있을 만큼의 보증금이 필요한 후보지 9곳을 골랐다. 하루에 딱 세 곳의 공인중개소를 돌고 이사할 집을 결정하겠노라 계획했다. 빠르게 새 동네에 적응해야 선거 준비에 집중할 수 있으니 말이다. 후보지 모두 방 2개가 있는 지어진 지 30년은 됐을 낡은 빌라들이었다. 그중 도배를 가장 최근에 한 것 같은 집, 고양이를 키워도 괜찮다고 한 집, 햇빛이 잘 들 만큼 창이 커서 고양이가 바깥을 내려다보며 시간을 보낼 수 있는 집, 걸어서 갈 수 있는 동물병원이 있고 먹자골목도 있어 단골가게 만들기에도 좋은 집이 가장 마음에 들었다. 국민임대주택이 아니어도 마음에 들었던 그 집은 얄궂게도 후보지 중 보증금이 가장 비싼 곳이었다.

공인중개사는 대출모집법인의 대출매니저를 소개해 줬고, 저소득 계층을 위한 정책대출이 아닌 금리가 높은 대출을 받아야만 했다. 은행에 월세 내는 것과 진배없어 전세가 큰 이점이 없는 계약이었다. 으레 하듯 공인중개사는 마음에 들어 하는 집의 소유변천사가 들어있는 등기사항전부증명서를 인쇄해 주었다. '93년에 지어진 집이구나' 하며 종이를 넘기는데 낯선 단어가 적혀있었다. 부모 곁을 떠나 혼자 산 지 15년 동안 몇 번의 이사를 하면서도 모두 직접 계약했고, 부동산 정책 공부하면서 부동산 용어는 익숙하다고 자부했던 게 얄팍해진다고 느끼며 핸드폰을 열어 검색어를 쳤다.

유증. 유언으로 아무런 대가를 받지 않고 자기의 재산상 이익을 타인에게 주는 것. '새 단어를 알았네' 하며 눈을 돌려 집주인의 이름과 생년월일을 봤다. 1990년생. 나보다 나이가 적은 그는 벌써 집을 소유하고 있었다. 그것도 그가 딱 만 20세가 되었을 2011년부터. 보수정당에서도 기회의 평등이 곧 공정이라고 말하는 시대에 이토록 출발선이 다르다는 것을 종이 속의 글자들이 실감하게 했다.

'역시, 공평하게 출발할 수 있는 사회를 만들려면, 부동산 소유 세제라도 제대로 만들어야겠네.' 내가 살고 싶은 세상을 더 빨리 만드는 길로 가보겠다며 국민임대주택을 벗어나겠다는 선택은 불가피했다고 다독이며 계약서를 쓸 때였다. 집주인이 집을 내놓은 공인중개소에서 나온 공인중개사와 내게 그 집을 소개한 공인중개사 사이의 대화에 관심이 쏠렸다.

· · · · · ·

"잔금 치르는 날, 계약은 몇 시로 할까요?"

LH국민임대주택은 그나마 보증금을 언제 돌려줄지 실랑이해야 하는 임대인이 아니다. 계약서를 쓰기 전 오전 중 보증금이 모두 입금된다는 걸 확인했고, 은행 대출도 오전 중에 모두 처리될 거라 비어 있는 집에 오전 중에 들어가겠노라고 이미 이야기가 끝난 상태였다. 그러니 저 말은 계약서를 쓰는 내게 묻는 말이 아니라 공인중개사끼리의 대화인 것이다.

"오전 중 보증금이 다 입금될 테니 오후 2시로 맞춰보시죠."
'아, 이사 끝내자마자 집주인이 바뀌나 보구나.'
두 공인중개사를 쫓던 눈빛을 거두고 내게 집을 소개한 공인중개사에게 "제가 이사하는 날, 이 집이 팔리나 봐요?" 귓속말하듯 조용히 물으니 그도 고개를 작게 끄덕여 응답했다.
'아, 내가 갭투기 피해자가 될 수도 있나.' 불안감이 몰려왔다. 부동산 가격이 오를수록 지금이 아니면 집을 살 수 없다는 불안에 휩싸여 집을 사는 소위 '패닉바잉'이 문제가 될 수 있다는 뉴스가 나오기 시작한 무렵이었기 때문이다. 돈은 충분치 않은데 집은 사야 하니 전세보증금을 끼고 집 가격의 차액만 지불하고 집을 사는 '갭투기'를 누군가는 '갭투자'라고 부르기도 했다. 전세보증금은 어차피 전세 계약 기간이 끝나고 돌려주면 되니 적은 자본으로 집을 살 수 있다고 각광받던 때였다. 심지어 적은 자본으로 갭투기해 여러 채 집을 사들인 뒤 나중에 전세보증금을 돌려줘야 할 때 돈이 없다며 배째라는 식으로 나오는 집주인도 뉴스에 등장하기도 했으니 스멀스멀 불안감이 올라올 수밖에.

집 보여주고 계약하기로 했을 땐 한마디 안내도 없었던 터라 원망의 마음이 들었지만 법적으로 그가 잘못한 일은 없으니 화낼 수가 없었다. 누가 될지 모르지만 뉴스에 나오는 악덕 집주인이 아니길 바라는 것이 내가 할 수 있는 전부였다. 불안을 조금이라도 덜어내고 싶어서 그에게 다시 조용히 물었다.

"그런데 이 집 얼마에 팔렸어요?"

혹여나 집 가격이 전세보증금이랑 거의 비슷하면 자본이 하나도 없는 집주인이라는 것을 증명하는 셈이고, 보증금 떼일 위험은 더 커질 수밖에 없다. 그는 아직 도장이 다 찍히지 않은 매매계약서를 스윽 내 쪽으로 조용히 내밀었다. 내 전세보증금은 집 가격의 75%, 너무 전형적인 수치여서 아주 위험하다고 진단할 수 없는 참 애매한 상황이었다. 다시 내가 할 수 있는 일이라곤 집주인이 나쁜 사람이 아니기를 바라는 것뿐이었다. 게다가 나는 아직 부탁할 일이 남아 있어서 법적으로 잘못 하지도 않은 일을 공인중개사에게 따질 수도 없었다.

계약서를 다 쓰고 방 사이즈를 잴 겸 그에게 다시 한 번 집을 보여달라고 했다. 함께 내 집이 될 곳으로 걸어가며, 조금의 서운함도 표하지 못한 채 그에게 마지막 남은 부탁을 해야 했다.

"잔금까지 다 들어가야 이삿짐 들어가 수 있다는 건 아는데요, 혹시 이삿짐 들어오기 전에 고양이랑 제 친구가 먼저 집에 들어가 있어도 괜찮을까요? 고양이 키우고 처음 하는 이사라서 스트레스를 많이 받을 것 같은데, 짐 들이는 동안 사다리차가 안 들어가는 방에 지내게 하는 게 제일 좋은 방법 같아서요."

"그럼요. 저도 친구가 고양이 키워서 잘 알아요. 비어 있는 집이니까 이사하시는 날 비번 미리 알려드릴게요."

"감사합니다."

2020년 10월, 이사한 첫날 집에서 가장 높은 책장까지 올라가 집을 파악하는 지오를 보고 잘 적응할 수 있겠구나 싶어 안도감이 들었다.

빗물에 천장 벽지가 내려앉아 집 안으로 비가 새도 고쳐주지 않았던 집주인을 경험하며 세입자의 설움을 알게 했고, 고양시로 이사한 뒤 같은 보증금으로 구할 수 있는 집 상태가 현저히 다르다는 것으로 비로소 부동산 불평등을 뼈저리게 절감하게 했던 서울. 서울에 다시 돌아올 계약을 하면서도 전세보증금을 떼이는 것은 아닐까 불안을 안게 하는 부동산 불평등을 실감하며 그렇게 나는 다시 서울시민이 됐다.

곁을 내어주니
세상이 넓어졌다

복병을 만났다. 고양이는 다를 줄 알았다. 혼자 사는 삶이 익숙해져서 다른 사람과 같이 잘 때 잠을 설치는 사람이 됐다. 여름마다 발달장애어린이들과 2박3일 캠프를 갈 때 제일 힘든 건 다른 이들과 자야 하니 잠을 설쳐 체력은 떨어지는데, 안전을 위해 신경을 곤두세워야 한다는 것이었다.

강남의 판자촌 마을의 주거복구를 돕기 위해 마을에서 공동생활을 할 때도 마찬가지였다. 1층엔 여성들이, 2층 일부와 야외에선 남성이, 그리고 10평도 되지 않는 3층에서 14명의 공부방 학생들과 선생님이 공동생활을 할 때였다. 아이들 밥부터 생활에 필요한 모든 것을 챙겼다. 주거복구를 위한 모금 관련 일도 하고, 연대하기 위해 마을을 방문하는 사람들을 챙기느라 일이 많았다. 함께 자면 어차피 잠을 설치니 새벽까지 일하다 쓰러지다시피 잠들었다. 아이들을 모두 학교에 보낸 뒤 한두 시간 푹 자는 걸로 겨우 체력을 회복하곤 했다.

같이 자는 상대가 코를 골지 않아도 잠잘 때 내쉬는 편안한 숨소리에도 집중하게 된다. 살짝 잠이 들려다가도 상대가 움직이기라도 하면 깨고 또다시 잠드는 데 한참 걸리는 식으로 불면의 밤을 보낸다. 고양이와 함께 살 때 잠자는 데 문제가 있을 거라고는 예상하지 못했다. 고양이는 성묘가 되기 전에 집 안을 엄청난 속도로 휘젓고 뛰어다닌다는 '우다다'를 한다는데, 지오는 두 살 추정이라 그 걱정은 하지 않아도 되겠다 싶었던 것이다. 다행히도 지오는 우다다로 날 잠 못 들게 하는 일은 없었다.

문제는 지오의 숨소리였다. 침대 헤드 위에서, 때로는 내 팔 바로 아래에서, 그러다가 어느 날은 발 주변에서 잠드는 지오는 정말 포근하고 편안한 숨소리를 내면서 잤다. 어느 날은 사람처럼 코도 골았다. 눈곱만큼 작은 콧구멍에서 사람만큼 씩씩하게 드르렁 대는 소리가 나는 게 신기할 정도였다. 고양이는 하루의 대부분을 잠자는 데 쓰고 밤에 오히려 활발한 야행성 동물이라는데, 지오는 집사보다 일찍 잠드는 '바른생활냥이'였다. 한창 기본소득당 창당할 때라 일도 많고 생애 첫 번째 책까지 쓰느라 밤늦게까지 깨어 있으면 지오는 쌔근 쌔근 숨소리를 내며 자다깨다를 반복했다. 밤늦게 글 쓰며 일할 때는 지오의 숨소리가 백색소음처럼 집중의 묘약이 됐지만, 막상 자려고 누우면 잠을 방해하는 독약 같았다. 지오가 내게 왔을 때 체중은 겨우 2.5kg. 혹시나 자다가 잘못 움직여서 지오를 해칠까 몸의 긴장을 풀 수 없는 것도 잠에 방해가 됐다.

깊게 잠들지 못하는 여러 날의 밤을 보내던 와중에 고양이 알레르기 증상도 나타나기 시작했다. 콧물이 나는 정도가 아니라 예고도 없이 코피가 흐르듯 콧물이 흘러 내렸다. 잠자다가 얼떨결에 눈을 비비는 날엔 눈두덩이가 부어올랐고, 간질간질한 재채기도 덤이었다. 특히 피곤한 날에 알레르기 증상이 더 불쑥불쑥 나타나 몸 상태를 알려주는 바로미터가 생긴 것 같았다. 피곤할 때 증상이 나타나자마자 알레르기 약을 먹는 새로운 삶의 패턴이 생겼다.

다행인 건 지오도 고양이라는 점이었다. 잠자다 뒤척이는 내 작은 몸부림에도 깨어나고 혼자만의 시간이 필요할 땐 침대 밖 편한 공간에 잠자러 가는 고양이. 덕분에 바로 옆에서 잠들어도 지오가 다칠까 봐 모르는 새 했던 긴장은 자연스레 풀렸다. 개운하게 잠에서 깨어났던 어느 날, 지오의 숨소리와 코골이에도 적응했음을 깨달았다. '나 이제 다른 사람과 살 수 있겠는데?' 지오에게서의 적응은 엉뚱하게도 단 한 번도 해 본 적 없는 생각으로 나아갔다.

······

　지오와 함께 산 지 1년이 채 되지 않았을 때 운 좋게 당첨된 고양시 국민임대주택에서 서울로 이사 갈 집을 알아볼 즈음 엉뚱한 생각을 실행으로 옮기기로 했다. 이유는 단 하나, 매달 감당해야 할 은행 대출 이자 부담을 줄이자는 경제적 이유였다. 최소 10년은 살게 될 집이라며 새 가구와 전자제품을 들인 덕에 살림살이가 옵션인 원룸으로 이사할 수는 없었다. 게다가 고양이 사는 집엔 필수인 캣타워나 화장실까지 지오를 위해 내어줘야 하는 공간도 고려해야 했다. 전세보증금 대출을 받아 낡은 빌라의 투룸으로 이사하는 게 가장 유효한 선택지였다. 하지만 아무리 내 나이만큼 오래된 낡은 빌라여도 서울의 전세보증금은 만만치 않았다. 매달 나가게 될 은행 대출 이자 부담을 줄일 방안은 함께 살 사람을 구하는 것이었다. 두 방의 크기 차이가 크지 않아서 함께 살 사람에게 월세를 받아도 미안하지 않을 집을 구하기로 마음먹었다.

　우여곡절 끝에 집 계약은 했고, 하우스메이트를 구할 차례였다. 생각한 조건이 하나 있다면 지오도 함께 살아야 하니 내가 출장이든 여행이든 집 밖에서 자야할 때 지오를 돌봐주는 것이었다. 지오와 함께 산 뒤 여러 날 집을 비워야 할 때면 집에 들러 지오의 밥을 챙겨주고 화장실을 청소할 사람을 구해야 하는 게 가장 신경 쓰였다. 누군가는 자동급식기로 해결할 수 있다고 하지만, 처음 보는 사람에게도 스스럼없이 다가가 애교부릴 정도로 사람을 좋아하는 지오가 종일 혼자 집에 있는 건 너무나 마음이 쓰이는 일이었기 때문이다.

아는 사람 중 하우스메이트를 구할 수 있을 것 같은 근거 없는 자신감도 있었다. 여러 이유로 원가족으로부터 독립을 꿈꾸는 청년은 주변에 많았고, 기숙사 같은 곳의 공동주거형식에 지친 사람도 있었다. 보증금 없이 저렴한 월세를 희망하는 청년도 많았다. 게다가 기본소득당은 창당 당시 30대 이하 당원이 85%를 차지할 정도로 말 그대로 청년정당이었다. '주변에 수소문하다가 어떻게든 구해지겠지' 하는 막연한 기대를 하며 소문을 내기 시작했다. 곧 서울로 이사할 건데 같이 살 사람을 구한다고. 보증금 없이 잠만 자는 방 정도의 저렴한 월세만 받겠다고.

일주일도 채 되지 않아 하우스메이트에 관심을 보이는 사람을 찾았다. 서울에서 원가족과 살고 있지만 자기만의 방이 없었던 대학생 유주였다. 심지어 동물권 운동에 관심이 많으니 내가 집을 비울 때 애정으로 지오를 돌봐줄 것도 분명했다. 내 유일한 조건을 무난히 통과한 유주는 오히려 내게 조심스럽게 물었다. 자신이 채식을 하는데 괜찮겠느냐고 말이다. 예상치 못한 질문에 머릿속이 시끄럽게 움직였다. 무엇이 괜찮냐는 것일까.

서로 바빠서 같이 밥 먹을 기회가 많이 없겠지만 같이 먹을 때 채식하는 건 어려운 일은 아니었다. 기본소득당에서는 공식 행사 후 뒷풀이는 채식으로 하는 문화가 자리 잡아가던 때였다. 채식이 아닌 식재료가 집에 있거나 채식이 아닌 요리 냄새가 싫을 수도 있겠다는 생각이 번뜩 들었다. 유주가 채식하는 건 알았지만 채식하는 사람과 동거할 때 서로 배려해야 할 공동의 약속이 필요할지도 모를 일이었다.

지오와 같이 살면서 이전에는 같이 살고 있는지도 몰랐던 길냥이들이 눈에 보이기 시작했다. 내 관심이 달라지는 걸 어떻게 알았는지 동물학대 사건이 SNS 피드에 등장하기 시작했다. 지오와 같이 산 뒤 입양할 처지도 못 되면서 입양처를 구하는 홍보글에 마음이 오래 머물렀다. 당의 동료들 덕분에 동물의 권리도 고민하게 됐고, 동물권에서 동물도 경험하는 고통의 감각을 중히 여긴다는 것도 알게 됐다. 고통받는 동물의 자리에 지오를 대입하면 공감하지 못할 고통이 없었다. 채식 역시 공장식 축산이 만드는 동물의 고통과 탄소 배출을 줄여갈 대안으로 당에서도 주목하고 있었다.

　하지만 채식의 의미를 이해하며 채식을 장려하는 정책을 펼치는 것과 일상에서 매 끼니마다 채식을 실천하는 것은 의미가 남달랐다. 경제적인 이유 때문에 누군가와 같이 살 준비를 하고 있던 때였고, 그 이유로 같이 사는 사람의 권유로 채식을 시작하게 된다는 건 어떤 의미가 있는 걸까? 오래 숙고한 스스로의 결정이 아닌 떠밀리듯 충동적으로 결정한 뒤 제대로 실천하지 않으면 또 무슨 소용인가. 어느새 같이 살기 위해 어디까지 결심할 수 있는지 스스로 되묻는 지경까지 생각은 뻗어나가고 있었다.

　유주가 괜찮냐고 묻는 것은 다름 아닌 냉장고 사용이었다. 샐러드 가게가 아니고서는 온전한 채식 메뉴를 파는 식당을 찾는 게 쉽지 않다. 하물며 메뉴 이름만 들으면 채식일 것 같은 콩나물국밥도 멸치육수를 내는 곳이 많아 채식이라고 할 순 없다. 요리에 취미가 없을 뿐만 아니라 대외활동이 많은 대학생이 매일 도시락을 싸는 일은 고역이다. 그래서 선택한 것이 채식 즉석식품을 먹는 일이라고 했다. 채식하는 사람들이 조금씩 늘자 이들을 위해 전자렌지로 간편 조리만 하면 되는 냉동 제품이 많이 출시되고 있다는 것이다. 내가 무엇을 요리하든 그런 건 얼마든지 괜찮다고 했다. 3칸의 냉동실 중에서 유주전용 냉동실 한 칸을 내어주면 되는 일이었는데, 채식하는 삶에 대해 제대로 몰라 괜한 상상의 나래를 펼친 것이었다.

······

내가 먼저 이삿짐을 풀고 며칠 뒤에 유주가 입주하기로 했다. 서로의 삶을 존중하며 갈등을 최소화하기 위해 우리가 정한 규칙은 '각자'였다. 쓰레기 처리도 각자, 빨래도 각자, 청소도 각자, 필요한 요리와 설거지도 각자 해결하자는 것이다. 지오 때문에 방문을 언제나 열어둬야 했던 나는 유주가 주방이든 화장실이든 편히 이용하도록 방문 자리에 짧은 천으로 된 커튼을 설치했다. 내 방에 있는 TV 소리를 최대한 낮추는 습관도 같이 살면서 새로 생겼다.

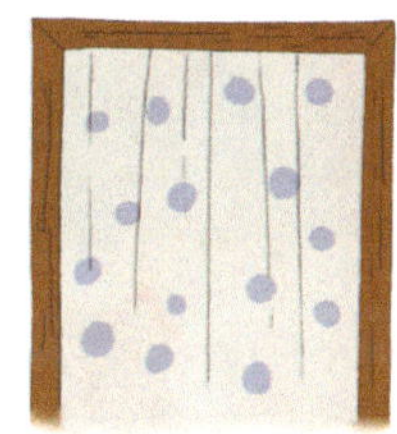

유주는 가끔 원가족이 살고 있는 본가에 들러 함께 먹을 반찬을 챙겨왔고, 나는 유주가 본가에 갈 때마다 지오에게 인기 없는 간식이나 사료를 본가 근처 길냥이에게 줄 수 있도록 건넸다. 종종 그녀가 소개해 주는 인기 있는 채식 인스턴트 식품도 맛보면서 두부면의 매력에 빠지기도 했다. 각자의 공간을 존중하는 동거는 갈등 없이 무탈했다. 은행 대출 이자 부담뿐만이 아니라 온종일 집에 있는 지오를 위해 냉난방을 신경 써야 하는 처지라 난방비가 부담되는 겨울에 큰 부담을 덜 수 있어 좋았다.

매달 들어오는 월세만큼이나 든든했던 것은 언제나 지오 돌봄을 상의할 수 있는 존재가 있다는 것이었다. 같이 산 지 3개월이 좀 지났을 때 첫 명절을 맞이하게 됐다. 우린 동거인일 뿐 가족은 아닌 사이이니 명절엔 각자의 원가족을 만나러 가면 집에 지오만 남게 되지만, 서로 가는 날을 잘 조율하면 지오의 밥과 화장실을 챙기는 데 문제가 없었다. 특히 함께 사는 사람이 지오를 챙긴다면, 사료가 어디 있고 화장실 모래는 어디에 버려야 할지 구구절절 설명하지 않아도 되는 편리함도 있다.

이렇게 제일 먼저 돌봄을 부담 없이 물어볼 존재가 있다는 것만으로도 함께 돌본다는 감각을 일깨워 주곤 했다. 고양이 한 마리 돌보는 것도 맞들어 주는 손이 있으면 이렇게 든든한데 아이나 노인을 함께 돌보는 것은 오죽할까.

사람을 너무나 좋아하는 지오는 내가 퇴근했다가 다시 외출을 하면 서럽게 울었다. 쓰레기 버리는 날도 예외가 아니었다. 지오의 우는 소리가 복도에서 우렁차게 들릴 때면 이 이유로 이웃과 사이가 틀어지거나 나가달라는 요청을 받을까 싶어 엘리베이터도 없는 계단을 재빨리 올라왔다. 그래도 집에 다른 누군가가 있으면 집사가 쓰레기를 버리러 나가도 서럽게 울지 않는 날도 있었다. 나와 유주가 나눴던 수많은 대화는 대부분 지오에 관한 이야기였다. 창문을 활짝 열어두고 나온 날에 갑작스레 큰비라도 내릴 때면 집에 먼저 도착한 사람이 창문을 닫자며 집을 돌보는 연락도 덤이었다.

돌이켜 생각해 보니 혼자의 삶에 익숙해 뭐든 혼자 해결하던 때와 달리 처음으로 타인에게 도움을 달라 말하게 된 것도 지오 덕분이다. 도움을 요청하는 것이 타인에게 내 곁을 내어주는 일이라는 것 역시 지오 덕분에 알았다. 시간이 지나 유주의 본가에서도 유주의 방을 가질 수 있게 되면서 2년 9개월 동안의 동거는 끝났다.

결혼한 상대도 아니고 가족도 아닌 사람과 같이 살 수 있냐고 묻는다면 주저하지 않고 나는 그렇다고 대답할 것이다. 오히려 같이 사는 것을 망설임 없이 선택할 수 있도록 생활동반자법 같은 제도를 만들어 장려해야 한다고 답할 것이다. 삭막한 세상 속에서 무엇이든 상의할 수 있는 존재가 주는 함께 돌보는 든든함을 지오와 유주가 경험하게 했으니.

선선한 날의
빌라반상회

이웃에 대한 기억이 처음으로 강렬히 남은 건 9살 때였다. 부산 외곽에 있는, 한 층에 최소 6가구가 있는 긴 복도형 아파트로 이사했던 때였다. 바로 옆집인지 혹은 그 옆집이었는지 이제는 기억도 흐릿한 이웃이 있었다. 두 살 터울인 나와 동생처럼 이웃집에도 비슷한 나이대의 남매가 있었다. 엄마 아빠의 일이 늦게 끝나거나 둘이 함께 다녀오는 약속이 있을 때면 나와 동생은 이웃집에서 놀곤 했다. 적어도 한 달에 한 번 정도는 한 집에 모여 바닥에 신문지 깔고 삼겹살을 구워 먹을 정도로 사이가 좋았던 이웃이었다.

13살일 때 통영으로 이사하게 되면서 자연스럽게 이웃과도 멀어지게 된 뒤 대학생이 될 때까지 같은 건물에 사는 이웃과 왕래한 기억은 거의 없다. 대학교 기숙사 생활을 마치고 자취하고부터는 오히려 눈에 띄지 않는 이웃이 되고 싶었다. 내가 몇 시에 귀가하는지, 우리 집에 누가 놀러 오는지 등 평가 대상이 되고 싶지도 않았다. 누구네 집 딸이 어떻다는 이야기가 쉽사리 퍼져나갔던 통영에서는 꿈꾸기 어려웠던 도시의 익명성을 마음껏 누리고 싶었던 마음도 있었다.

동네의 소중함을 알게 해준 고양시에서도 마찬가지였다. 단골 가게들이 생기고, 집 근처 공원을 달리고, 자주 오가는 지하철역에서 온갖 서명운동을 해도, 같은 건물에 사는 집주인 외의 이웃을 알고 지내진 않았다. 30년 살 수 있는 국민임대주택도 긴 복도형 아파트였지만, 어릴 때와는 달리 옆집에 사는 사람과 마주친 적도 없었다. 국민임대주택 입주를 축하하는 사람들을 초대해 몇 차례 집들이를 하고, 고양이를 보러 놀러 온 사람들과 시간을 보내며 집이라는 공간을 달리 받아들이게 됐다. 잠만 자는 공간이 아닌 고양이와 나를 돌보며 지인과도 더 깊은 관계를 맺게 해주는 공간으로 집에 대한 애정이 샘솟았다. 그래도 이웃과의 관계까지 생겼으면 좋겠다고 생각한 적은 없었다.

아마도 좋은 이웃에 대한 갈망보다 안전에 대한 긴장이 더 컸기 때문일 것이다. 걸어서 집에 들어가는 길에선 낯선 사람이 있는지 신경을 곤두세운다. 이 긴장은 집의 번호키를 누른 뒤 들어가 다시 문이

제대로 잠겼다는 소리가 들릴 때까지 이어진다. 문이 온전히 잠기고 나서야 무사히 집에 잘 왔다는 안도감이 든다. 누구에게도 내 귀갓길을 들키고 싶지 않아서 계단을 오르내리는 복도에서는 가급적 까치발로 걷는다. 혼자 사는 여성을 대상으로 한 범죄들이 세상에 알려질수록 나도 알아차리지 못한 채 생긴 버릇이다. 나의 예민함이 나를 구할 것이라 믿는, 그래서 내가 이웃임을 드러내지 않고 사는 것을 바랐던 서글픈 습관. 신축 아파트를 벗어나 다시 서울시민으로의 삶을 시작한 낡은 빌라에서도 한동안은 그랬다.

서울시장 보궐선거를 준비하면서 눈코 뜰 새 없이 바빠지니 집은 늦은 퇴근 후에 고양이와 함께 잠자는 공간이 되어 가던 중이었다. 코로나 재난은 서로의 얼굴까지 마스크로 가리게 했고, 안 그래도 왕래 없는 이웃의 얼굴을 알 길도 없었다. 그러다 집 주변 주차할 곳을 찾다가 제자리가 아닌 곳에 놓여 있는 듯한 어색한 물건을 발견했다.

밤늦은 시간 소리 없이 지나는 손님처럼 살금살금 퇴근할 때 본 적 없는 앙증맞은 의자들, 어린이집에 있을 법한 아주 낮고 작은 의자 대여섯 개가 낡은 빌라 앞에 놓여 있었다. 빌라가 겹겹이 있는 골목이라 주차가 늘 문제여서 집 앞 주차를 막는 용도인가 싶었다. 지층에도 사람이 살고 있으니 주차하는 차의 매연이 싫을 수도 있고, 차

가 햇빛을 막는 게 싫을 수도 있
으니 말이다. 그런데 앙증맞은 크
기의 의자들 위치가 자주 바뀌곤
했다. 종종 주차하기 퍽 난감한
자리에 놓여 있는 의자를 옮겨가
며 주차해야 할 때도 있었다.

갑작스레 의자가 눈에 들어온
것처럼 의자의 쓰임도 우연히 알
게 됐다. 해가 다 지기 전에 퇴근

우리 빌라 앞 옹기종기 앙증맞은 의자들. 이 친구들
의 자리는 항상 여기다.

했던 날, 옹기종기 의자 위에 자리 잡은 할머니들을 본 것이다. 도시
의 분위기와는 사뭇 거리가 느껴지게 '몸빼바지'를 입은 할머니들이
모여 앉아 오순도순 이야기를 나누던 중이었다. 빌라 안으로 들어가
는 10초도 채 되지 않는 시간 동안 '새로 이사 온 사람인가' 하는 궁금
함이 가득한 뜨거운 눈빛을 보내시는 턱에 알았다. 이삿짐 나르던 날
도 집 안에서 이 가구를 어디에 놔달라 포장이사센터에 요청해야 하
니 이사가 끝날 때까지 제대로 인사 한번 나누지 못했다는 걸 말이
다. 호기심 가득한 눈빛은 같은 건물에 살아도 민폐 끼치지 않고 살
아갈 이웃인지를 살펴보는 듯했다. 이번에도 이웃에게 알려지지 않고
조용히 묻어가며 살기를 바라는 마음으로 마스크를 낀 채로 가볍게

고개 숙여 인사하며 재빨리 낡은 빌라 안으로 들어갔다.

······

　빌라 앞 반상회 같은 모임은 날씨에 따라 열리곤 했다. 쨍쨍한 햇빛이 빌라 골목을 완전히 덮치기 전에 일찍이 열리는 때도 있었지만, 해가 뉘엿뉘엿 저물어 가는 시간에 열리는 때가 많았다. 저녁 식사 시간대에는 의자 위 주인이 없었다가 더 늦은 시간에 일일연속극이나 뉴스를 보는 대신 집 밖으로 나와서 두런두런 이야기하는 걸 즐기시는 듯했다. 특히 낮에 뜨거워진 집 안보다 바깥 온도가 더 선선하다고 느껴지는 초여름과 늦여름 저녁에는 앙증맞은 의자가 만석이 됐다. 바깥에 있으면 건강을 해칠 것 같은 날씨나 계절에는 빌라 벽에 기대어 놓여 있는 의자들도 하루빨리 더위나 추위가 가시길 바라는 것만 같았다.

　할머니들의 빌라 앞 반상회가 참 특이하다고 생각했다. 더 정확하게는 도시와 어울리지 않는 이질적인 모습으로 다가왔다. 어쩌면 나는 옆을 들여다볼 여유도 없이 쳇바퀴 돌 듯 바쁘게 일상을 사는 도시 시민의 얼굴에서 노인을 떠올려 본 적이 없었던 것인지도 몰랐다. 첫차에 몸을 싣고 건물을 청소하러 가는 수많은 노인의 삶과, 아파트를 비롯해 도시의 빌딩을 관리하고 경비하는 노인의 삶을 이웃이 아닌 그저 고단한 시민의 일상으로 여기며 거리를 두고 있었을지도 모르겠다. 어릴 적 병원에서 청소 일을 했던 외할머니가 병원에서 받은 하얀 우유를 마시지 않고 소중히 가져와 손주 손에 들려줬던 기억이 생생한데도, 도시에서 고단하게 일하는 노인인 시민을 이웃으로 만나본 적이 없었다. 이웃에게 내 존재를 감추기 바빴으니 노인인 이웃의 삶 역시 제대로 보일 리 없지 않은가.

도시에서는 제 몸보다 더 크게 종이 박스를 수레에 담아가거나 노상을 펼쳐 나물거리를 파는 노인들을 자주 마주쳤으나, 선거 시기에만 부러 찾아가 말을 걸곤 했던 것 같다. 선거 시기에 단골로 찾는 경로당 역시 아파트 단지에 자리 잡고 있으니, 아파트에 거주하지 않는 할머니들에게는 편히 갈 수 있는 곳이 아니었다. 빌라가 촘촘히 들어선 골목에 어린이용 의자를 놓고 삼삼오오 모여 삶을 나누는 일상이 공동체가 살아 있는 시골 같아서, 노인인 이웃의 삶이 가까이 와 있는 것 같아서 퍽 이질적으로 다가왔다.

할머니들의 반상회는 자주 열렸지만, 무슨 대화를 하는지는 알 수 없었다. 내가 등장하면 곧잘 대화가 멈추곤 했기 때문이었다. 오랜 시간 알고 지낸 할머니들에게 이질적인 존재는 오히려 나였을지도 몰랐다. 한 층에 두 가구씩 있는 우리 빌라는 총 10가구가 산다. 앞집도, 지층 두 집도, 일 층의 한 집까지 네 가구 모두 노인이 혼자 산다. 5년째 같은 건물에 살아도 세 집에는 누가 사는지 여전히 모르지만, 나를 포함해 세 집에 그나마 젊은 사람들이 살고 있고, 나를 제외한 두 집은 혼자가 아닌 가족이 산다. 결혼했어야 할 나이에 결혼으로 묶이지 않은 이의 삶이 다르게 느껴졌는지, 할머니들 앞을 오갈 때마다 대화가 멈추고 눈길이 내게 머무는 것이 늘 느껴졌다. 그때마다 나는 후다닥 빌라 안으로 들어가기 바빴다. 도시에서 살아가는 노인의 삶이 이웃처럼 가까이 느껴지는 것과 반상회가 일상인 할머니들과 이웃으로 연을 맺는 것은 다른 문제라고 선을 그으면서 말이다.

······

"지혜샘! 할머니들이 지혜샘이 서울시장 후보 맞는지 물어봤어요!"

주거비를 아껴보려고 같이 살고 있는 유주가 어느 날 집에 돌아와 전해준 말이었다. 유주는 날 '샘'이라고 불렀다. 자원활동할 때는 자원활동가가 서로를 '샘'이라고 불렀는데, 나와 자원활동을 한 적이 있거나 자원활동단체에서 오래 일한 것을 알고 있는 이들은 적절한 호칭으로 날 '샘'으로 부르곤 했다. 집에서까지 '대표'라는 직책으로 불리는 것보다 내게도 훨씬 자연스럽고 편한 호칭이었다.

반상회하는 할머니들은 우리가 서로 대화 나누는 것을 본 적이 없는데도 유주에게 나와 무슨 관계냐고 물었던 적이 있었다. 이웃 중 누군가 물어보면 그냥 언니동생 사이라고 답하자고 말을 맞췄었다. 미주알고주알 설명하는 것이 나중에 더 귀찮을 것이라 생각했기 때문이었다. 할머니의 질문에 유주는 웃으며 동생이라고 답했지만, 함께 외출하거나 돌아오는 것을 본 적 없어서였는지 썩 믿지 않는 눈치였다고 했다. 유주는 보통 아르바이트가 늦게 끝나서 할머니들의 반상회가 끝난 뒤 집에 도착할 때가 많았을 텐데, 자주 마주쳤던 나보다 유주에게 무슨 관계였는지 묻는 것도 참 재밌다고 생각했다. 이번에도 서울시장 후보로 출마했던 당사자인 내가 아니라 함께 사는 유주에게 물어본 것도 흥미로웠다. 할머니들도 나와 이웃으로 연을 맺을지 거리를 두고 있는 것인지, 언제나 가볍게 목례만 하며 집에 들어가기 바빠 물을 틈도 주지 않아서였는지 이유는 여전히 모른다. 호기심 가득한 눈빛으로 날 주시했듯, 반상회하는 할머니들은 궁금한 것을 참지 않는 듯했다. 어떤 날의 반상회 주제로 내가 올랐을 것도 분명했다.

할머니들의 궁금증에 유주는 맞다고 대답했다고 했다. 그랬더니 할머니들이 한마디씩 했다는 말도 덧붙였다.

'진작에 알았으면 도와줬을 텐데.'

'한 표 달라고 말을 하지.'

선거 시기에는 해 뜰 무렵 나가서 한밤중에나 돌아오니 할머니들을 만날 기회가 거의 없었을 뿐만 아니라, 선거법상 아무리 내가 사는 건물이라 하더라도 집집마다 방문하면 선거법 위반으로 신고당할 위험도 있었다. 여러 사정을 자세히 모를 할머니들은 못내 서운하셨는지 애꿎게도 유주에게 아쉬움을 토로하신 듯했다. 유주도 조용한 이웃으로 살고 싶어 계단도 살금살금 오르내리는 날 알고 있었다. 유주가 어떻게 답해야 할지 고민하는 난감한 순간을 맞이했겠구나 싶어 괜히 미안했다.

대답을 잘한 게 맞는지 내 의중을 살피는 유주에게 잘했다고 말하면서도, 뭔가 숨기려던 것을 들킨 것처럼 철렁했다. 이웃과 가까이 지내기를 원치 않았던 것은 내 직업에 대해서도 몰랐으면 하는 마음이 깊이 있었던 것이다. '말했으면 도와줬을 텐데' 말씀해 주시는 건 빈말일지언정 너무나 고마운 일이다. 하지만 반상회를 즐겨하는 할머니들께 여성의 일상뿐만 아니라 직업 정치인으로서도 일거수일투족 입방아에 오르내릴지도 모른다고 염려하며 조심해야 하는 일상은 또 얼마나 답답할 것인가. 불편한 이웃에 쓴소리하고 싶은 일이 생겨도 왠지 참아야 할 것만 같았다. 눈 씻고 찾아봐도 구둣발소리를 내는 유일한 거주민일 것만 같았던 나는 밤늦게 귀가할 때면 민폐를 끼치지 않으려고 까치발로 다니기 시작했다. 조용히 그리고 조심히 지낼, 스스로에게 족쇄를 채운 또 다른 이유가 추가된 것이다.

······

코로나 재난 때문에 일시적으로 취해진 거리두기 제한이 풀리고 난 뒤 출장 여정이 시작됐다. 2023년 12월부터 한 달이 넘게 기본소득당 용혜인 의원이 전국 23개 도시에서 의정보고회를 했는데, 당시 대변인이었던 나는 의정보고회 사회를 맡아 동행해야 했다. 짧으면 2박3일, 길면 5박6일 집을 비워야 하는 일정이 줄줄이 이어졌다. 혈혈단신이었다면 어떤 고민도 없었겠지만, 집사가 되었으니 현실적인 고민을 해야 했다. 그땐 2년 9개월을 함께 살았던 유주도 본가로 돌아간 때여서 그야말로 나 혼자 살며 지오를 돌보고 있었기 때문이다.

비례대표 국회의원이 전국을 돌며 의정보고회를 여는 것은 드문 일이며, 그 일을 해낸다는 자부심이 있었다. 게다가 한 도시마다 100명에 가까운 참가자가 신청한 행사를 성황리에 치르는 것이 24년 총선을 앞두고 매우 중요하다는 점은 당직자와 당원 모두 알고 있었다. 지오를 아끼고 나를 응원하는 동료와 친구들이 당번을 정해 지오를 돌봐주었다. 심지어 집사의 잦은 출장을 처음 경험하는 지오가 외롭지 않게 우리 집에서 잠자고 출퇴근한 친구들 덕분에 일에 집중할 수 있었다.

'처음만 어렵다'는 말과 다르게 지오를 두고 떠나야 하는 출장은 매번 어려웠다. 전국 순회 의정보고회 출장이 끝난 지 얼마 지나지 않아 한 달 가량의 출장이 또 생겨버렸다. 의정보고회 출장은 며칠에 한 번씩이라도 집에 돌아와 새 짐을 싸서 새로운 곳으로 출발해 지오를 틈틈이 만날 수 있었는데, 이번 출장은 달랐다. 보수의 성지라 일컫는 대구 수성구을 선거구에 민주진보 단일후보로 출마한 우리당

2024년 2월, 출장 때문에 집을 비워야 해서 친구가 집으로 와 지오를 돌봐주었다. 돌봐준 것도 고마운데 묘생 샷까지 남겨주었다.

오준호 후보 선거운동을 해야 했기 때문이다. 특히 후보와 늘 함께 다니며 연설과 토론회도 준비해야 해서 하루도 틈을 내지 못하고 꼬박 한 달 집을 비워야 했다. 이번에도 동료들과 친구들이 나서주었다. 평소보다 잠도 줄여야할 만큼 일이 많은 시기니 힘내라는 의미로 지오 사진도 보내준 다정한 친구들 덕분에 체력의 부침도 견뎌냈다.

걸어서 10분 거리에 사는 동료이자 오랜 친구가 특별히 지오와 긴 시간을 보내주었다. 어느 날 그 친구와 함께 퇴근하는 길에 반상회하는 할머니 얘기가 자연스레 나왔다. 그랬더니 친구가 갑자기 생각난 듯 말을 꺼냈다.

"너 대구 출장 가 있을 때 할머니들이 물어본 적 있어. 왜 왔냐고."

역시나 할머니들은 내게 그 친구가 누군지 묻지 않고 단도직입적으로 궁금한 사람에게 곧바로 물었구나 싶었다.

"뭐라고 답했는데?"

"펫시터라고 했지."

답을 듣자마자 큰 소리로 웃었다. 고양이 집사가 집을 비워야 할 때 나를 대신해 고양이를 돌봐주기 위해 집을 오갔으니 펫시터라는 대답은 정확했다. 깔깔거리며 했던 내 답에 오히려 스스로 놀랐다.

"우리 할머니들이 알아들으셨을지 모르겠네. 좀 쉬운 말로 해주지 그랬어. 친구가 키우는 고양이 밥 주러 왔다고."

반상회 하는 할머니들과 얼굴 맞대고 산 지 4년이 됐다고 나도 모르게 '우리' 할머니들이라고 말하다니. 직업도 들켜버려 사는지도 모르게 조용히 지내는 이웃이 되고 싶다는 바람은 날아가 버린 현실을 서서히 받아들이고 있었던 것이다.

평소보다 늦게 출근했던 어느 날, 계단에서 일 층 할머니를 마주쳤다. 밝게 웃으며 인사를 건넸더니 할머니가 인사 대신 하고 싶은 말을 재빨리 건네셨다.

"아니, 텔레비에서는 왜 그렇게 크게 나와!"

할머니와 마주치기 며칠 전 TV로 생중계된 정당정책토론회를 보셨구나. 만나면 꼭 그 말을 하고 싶으셨던 건지, TV에서 봤다는 말을 전하고 싶으셨던 건지는 몰라도 실물이 더 낫다는 말을 전해주고팠던 진심이 느껴져 할머니 팔을 어루만지며 답했다.

"하하. 그쵸? TV는 매번 실물보다 크게 나오더라고요."

같은 빌라에서 산 지 5년이 지났는데도 반상회 중에 내가 등장하면 대화가 뚝 멈추는 건 여전하다. 어떤 날은 어색한 미소를 띤 채로 퇴근이 늦었다고 걱정도 해주신다. 할머니들도 직업이 정치인인 이웃은 처음이라 그런지 여전히 데면데면한 순간도 있다. 고양이 데리고 병원 가는 길에 마주치면 생소한 생명체를 보듯 신기한 눈빛을 발사한다. 그래도 이제는 이웃 할머니를 대하는 내 마음이 한결 편해졌다. '우리 할머니들'이라는 말이 자연스레 튀어나올 만큼 낡은 빌라 속의 정겨운 반상회 모습에 스며들고 있다. 언젠가 이웃으로 할머니들을 도울 날이 오기를 바라면서.

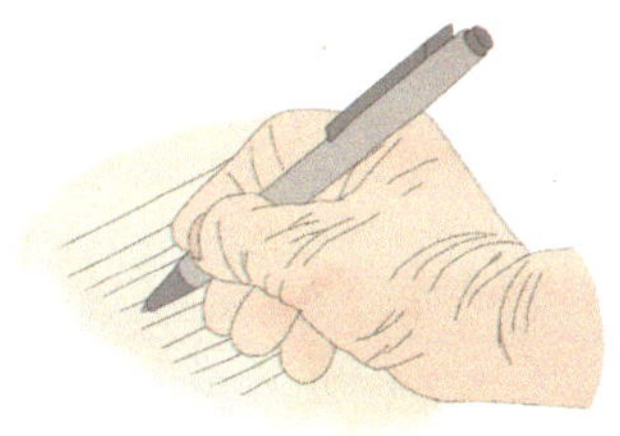

할머니 고양이
시루

지오를 입양한 뒤 둘째 고양이를 입양할 생각은 없었다. 입양 당시에 동물병원 간호사에게 들었던 대로 지오는 딱 '외동냥이' 성격이었기 때문이었다. 사람을 너무나 좋아하지만, 사람이 아닌 동물에게는 경계심을 잔뜩 표현했다. 지오가 동물병원에서 진료를 기다리며 이동장 안에 있을 때 친한 척 다가왔던 강아지를 세게 때린 적이 있을 정도였다. 물론 겁쟁이 지오가 냥 펀치를 날릴 용기를 냈던 건 자신은 이동장 안에 있으니 안전하다고 생각했을 것이란 의심도 들었지만, 다른 동물에게 우호적이지 않다는 건 확실했다.

SNS에서 우연히 본 수의사가 출연한 짧은 영상에서도 첫째 고양이가 외롭지 않게 하고 싶다는 이유로 둘째 고양이를 입양하는 걸 추천하지 않았다. 자기 영역이 침범받지 않아야 스트레스받지 않는 게 고양이 성격이다. 첫째를 위한다고 둘째를 입양하는 건 오히려 두 고양이 모두를 스트레스받게 하고 외롭게 만들 수 있다고 했다. 지오가 있는 동안에는 지오에게 모든 애정을 쏟아주겠노라고 생각했다.

그러다 예기치 않게 짠한 사연을 품은 둘째를 들이게 됐다. 지오와의 동거 6년 차에 접어들었을 무렵이었다. 둘째라고 부르기 민망할 정도로 지오보다 나이가 훨씬 많은 15살의 할머니 고양이 시루. 두 고양이에 대한 감정이 어떠냐는 질문에 지오에겐 항상 미안하고, 시루는 안쓰럽다고 답하게 한 집사의 또 다른 삶이 시작됐다.

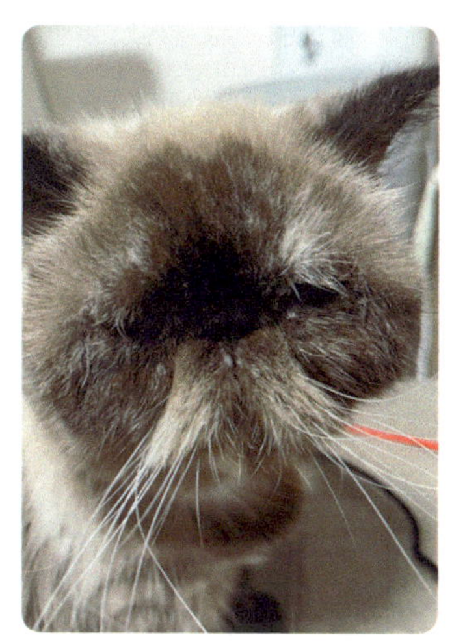

2025년 10월, 입 주변의 움푹 패인 주름살, 좀처럼 뜬 눈을 보기 힘든 '묘르신' 시루.

......

2024년 12월 한창 일하던 중 컴퓨터 하단에 알림이 떴다. 비상계엄 선포 후폭풍으로 하루가 어떻게 가나 싶을 정도로 바쁘게 지내던 시기였다. 한 카톡방에 사진 2장이 올라왔다. 2024년 가을에 제주 가파도 여행을 함께한 여성 세 명이 모인 카톡방이었다. 우리 셋은 서로를 알고 있었을 뿐 친하진 않았지만, 연결고리가 있었다. 내가 2020년 국회의원 선거에 출마했을 때 후원회장을 해주셨던 선생님이 한 친구에게는 인문학 선생이었고, 다른 친구에게는 선배 작가였다. 선생님은 가파도에서 한달살이를 마치더니 불현듯 자리가 생기면 가파도 선착장 매표원으로 일할 것이라 했다. 허무맹랑하게 들렸던 그 이야기는 놀랍게도 곧 현실이 되었다.

선생님의 환갑맞이 생일파티를 위해 여러 사람이 모인 자리에서 나는 선생님도 뵐 겸 가파도에 함께 놀러 가자고 나섰다. 몇 개월 뒤 여행 한 번 같이 간 적 없는 5명이 모여 가파도 여행을 갔다. 일행 중 여성 3명 모두 하루 일찍 제주에 도착했고, 새벽까지 수다 떨며 급속도로 가까워졌다. 우리 셋은 다음에도 또 만나자며 여행이 끝난 뒤에 셋만 모인 카톡방이 만들어졌다. 다음 약속을 못 잡아 한참 울리지 않았던 카톡방에 오랜만에 알림이 뜬 것이다. 강아지와 고양이 사진과 함께.

'혹시 입양처 구할 수 있을까요. ㅠㅠ'
사연은 이랬다. 같이 가파도 여행 갔던 서영이의 친구가 한 달 전 세상을 떠났는데, 키우던 강아지와 고양이를 친구의 남편도 계속 키울 수 있는 상황이 아니어서 입양처를 구해야 했다. 한 살인 강아지는 그나마 입양이 될 것 같은데, 열 살이 넘은 고양이 시루 입양이 걱정이라고 했다. 당시에도 하루에 한 번 집에 들러 밥 챙겨주는 돌봄만 겨우 하고 있다고 했다. 서영이가 시루를 입양하려고 가족을 설득하려 했지만 쉽지 않다고 했다. 입양처를 구하지 못하면 안락사를 생각해야 하는 상황이라는 말에 내 손가락이 먼저 움직이고 있었다. 내가 임시 보호하겠다고 말이다.

임시 보호는 보통 입양처를 구할 때까지 데리고 있는 거지만 나이든 고양이를 입양하겠다는 사람을 쉽게 찾을 리 없었다. 결국 입양하는 셈이라 생각했지만 입양하겠다는 말을 망설였던 건 지오 때문이었다. 나뿐만 아니라 고양이를 먹여 살리기 위해 집사가 일하러 간 시간 내내 낯선 고양이와 온종일 같은 집에 있어야 하는 건 내가 아닌 지오였다. 두 고양이가 집사 없이 함께 있는 동안 무탈할 정도로 지오가 새 고양이를 받아들여야 비로소 입양이라고 말할 수 있을 것 같았다.

곧바로 입양하겠다고 말 못 해도 임시 보호하겠다고 마음먹은 건 동갑내기 서영이 때문이기도 했다. 서영이는 가깝던 친구를 떠나보낸 뒤 힘들어할 친구 남편의 짐을 덜어주고 싶어 했다. 친구가 갑작스레 떠나 자신의 마음도 지옥일 텐데, 친구가 키우던 동물을 안락사할 수 없어 동동거리는 서영이에게 도움이 되고 싶었다. 참 좋아했던 드라마에서 "나를 왜 돕느냐" 묻던 주인공에게 다른 주인공이 "할 수 있으니까"라고 대답했던 장면처럼, 이미 고양이를 키우고 있는 내 처지에서 나이 든 고양이를 데려오는 일은 내가 할 수 있는 친구를 돕는 일이었다.

데려오겠다고 마음먹은 건 5분이 채 걸리지 않았지만, 시루가 내집에 오는 데까지는 거의 한 달이 걸렸다. 그 사이 시루의 나이는 예상보다 많은 15살이라는 것과 요즘 들어 배변 실수도 잦다는 걸 알게됐다. 서영이는 시루를 데리고 올 나에게 미리 알려줘야 할 정보인 것같다고 조심스레 전했다. 짧은 시간에 한 충동적 결정이더라도 후회를 잘 안 하는 성격 탓인지 시루를 데려오겠다는 결정을 엎을 이유는 아니었다. 사람도 나이가 들면 어찌할 수 없는 신체적 퇴화가 오는데, 고양이라고 무엇이 다르겠나 싶었다. 지오도 나이가 들 테니, 할머니 고양이와 사는 것을 먼저 경험하면 나중에 할머니가 된 지오를돌보는 데 도움이 되겠다는 생각도 있었다.

서영이에게 시루 나이나 배변 실수는 괜찮다고 답했지만, 한 가지는 걱정이었다. 시루도 2살 정도에 구조됐는데, 어릴 적 다른 고양이에게 맞으면서 컸다는 점이었다. 시루가 다른 고양이와 잘 지낼 수 있을지 걱정됐고, 자신을 경계하는 낯선 고양이를 지오가 잘 받아들일 수 있을지도 걱정이었다. 지오는 내가 출장을 다녀오면 턱에 검은깨가 묻은 것처럼 '턱드름'이 나곤 했다. 불안과 스트레스가 몸으로 드러나는 것도 집사를 닮은 지오가 새로운 고양이 때문에 아프다면 미안해서 견디기 어려울 것 같았다.

그래도 지오는 시간이 지날수록 적응할 것이란 기대가 있었다. 지오의 이상형은 처음 만나는 사람이라고 농담할 정도로 낯선 존재를 살갑게 대해주는 지오의 다정함을 믿고 싶었다. 하지만 시루에겐 시간이 없었다. 집고양이 평균수명이 15~18년이라 얼마나 더 살지도 알 수 없을뿐더러 당장 입양처를 구하지 못하면 안락사 기로에 서야 했다. 시루를 생이 다할 때까지 살게 하며 생의 마지막 시간을 따스히 보낼 수 있게 해주고픈 마음, 마치 시루의 호스피스가 되어주고 싶다는 마음으로 지오에 대한 걱정을 일단 미루어 두자고 나를 다독였다.

‥‥‥‥

드디어 시루를 데려오기로 한 날이 왔다. 서영이가 시루를 데리러 갈 수 있는 날에 내 출장이 잡히는 바람에 시루는 서영이 집에서 하룻밤을 보내게 됐고, 다음 날 아침 시루를 데리러 가기로 했다. 시루를 기다리는 그 밤은 너무 길었다. 현직 대통령이 내란혐의로 구속되는지 새벽까지 결정을 기다렸고, 구속을 막으려 법원을 때려 부수는 폭력적 난동을 실시간으로 보며 공포를 느끼다 잠을 설쳤다. 소요를 지켜본 새벽을 지나니 아침에 시루를 데리러 가는 마음이 이상했다. 민주주의가 이만큼이나 무너질 수 있나 싶을 정도로 현실은 심각한데, 한 생명을 구하러 가는 길에는 묘한 설렘이 일었다. 딱 한 장의 사진과 서영이가 전해 준 몇 가지 정보만 안고서 차로 한 시간 거리를 달렸다. 찬찬히 시루 맞을 준비를 하다가 마침내 만난다는 게 반가웠다. 법원의 유리창을 깨고 들어가는 폭력적인 세상이어도 나와 살게 될 고양이가 온전하게 사랑받으며 지냈으면 하는 마음이 일렁였다.

서영이 집에 처음 가면서도 전날 출장이 늦게 끝나는 바람에 선물하나 챙기지 못하고 빈손으로 덜렁 간 게 민망한 것도 잠시, 서영이 가족과 짧은 반가운 인사를 나누자마자 시루가 있는 방으로 들어갔다. 서영이의 어린 두 딸이 할머니 고양이를 귀찮게 할까봐 한 방에 격리하다시피 모셔져 있었다. 사람 나이로 치면 일흔이 넘었을 할머니 고양이 시루는 사람을 보자 활발히 움직였다. 이리저리 왔다 갔다 하며 만져달라는 듯 내 손의 냄새를 맡고 자기 이마를 비벼댔다. 시루는 지오보다 체구는 작고 노환 때문인지 눈빛은 혼탁했다. 지난밤이 편안했는지 밥도 잘 먹고 화장실도 잘 갔다고 했다. 종일 잠만 잔다고 들었던 시루는 사람을 너무 좋아해서인지 혹은 사람이 그리웠던 것인지 자기를 더 만지라고 애교를 부렸다. 예상보다 활기차고 건강해서 한시름 놔도 되겠구나 싶어 다시 방을 나왔다.

식탁 위에 놓인 롤케이크를 사이에 두고 그제야 서영이와 서영이 남편과 제대로 인사를 나눴다. 두 사람은 고양시에서 활동하는 청년 단체에서 만나 결혼했다. 나는 그 단체에서 활동하진 않았지만, 그 단체와 함께 만날 일이 많아 두 사람을 알고 있던 터였다. 예쁜 두 딸의 재롱을 보며 웃다가 함께 아는 또 다른 친구가 서점을 열었다는 소식도 소소하게 나누다가도 시루 이야기로 돌아갔다.

서영이는 시루를 데려오기까지 한 달이 걸린 것을 미안해했다. 임시 보호하기로 마음먹고 서영이에게 시루의 건강을 위해 빨리 데려오는 것이 좋지 않겠느냐고 내가 말한 것이 마음에 걸린 듯했다. 할머니 고양이에게 필요한 돌봄을 받을 수 있는 곳에 가급적 빨리 입양 가는 게 시루 입장에서 더 나은 선택일 것이다. 하지만 서영이는 친구가 결혼하기 전부터 키웠던 시루와 긴 시간을 함께한 친구의 남편에게도 작별의 시간을 주고 싶어 재촉하지 않았다고 했다. 충분히 이해한다고, 친구 남편의 짐을 덜어주려 두 손 걷어붙이고 나선 서영이를 돕고 싶었던 나도 서영이를 위해 기다려 주고 싶었다고 했다.

서영이는 시루를 데리고 가기 직전에 예쁜 봉투를 건넸다. 시루 데려갈 준비 하느라 돈도 많이 썼을 텐데 조금이라도 보태고 싶으니 마음을 받아 달라고. 지오를 데려올 땐 구조하신 분께 책임비를 건넸고, 시루를 데려올 땐 외려 잘 돌봐달라는 마음이 담긴 돈을 받았다. 지오를 입양할 땐 고양이를 키운다는 새로운 삶에 기대나 설렘이 앞섰다면, 시루를 데려올 땐 갈 곳이 사라진 늙은 고양이에 대한 연민이 더 컸다. 고양이를 잘 키우겠다는 마음과 고양이를 잘 부탁한다는 마음의 차이가 책임비를 주고받는 위치를 바꾸는 것만 같았다.

……

시루의 화장실, 애정하는 숨숨집, 그리고 몇 가지 사료도 차에 싣고 다시 한 시간 거리의 집으로 돌아오는 길에 스멀스멀 걱정이 올라오기 시작했다. 도착하면 지오와 마주할 시루는 어떤 모습일까. SNS에서 본 다른 다묘 가정처럼 두 고양이가 사이좋게 지내기를 기대하다가도, 물어뜯고 싸우지만 않으면 다행이라고 생각을 고쳐먹었다. 사람도 긴 세월을 각자 살다 함께 살면 싸우기 마련이고, 더러 헤어지기도 한다. 5년 넘게 나와 깨 쏟아지게 잘 지냈던 지오도 낯선 고양이에게는 다른 모습을 보여줄 수 있다고 마음의 준비를 했다. 긴장하면 혼잣말을 자주 읊조리는 나는 '어떡해'를 남발하며 지오가 홀로 기다리고 있던 집에 시루와 함께 들어갔다.

'쿵쿵'

낯선 것을 볼 때마다 냄새로 존재를 파악하는 지오는 시루가 들어 있는 이동장에 코를 대고 탐색하기 시작했다. 1분도 채 지나지 않아 6년 동안 한 번도 보지 못한 모습이 나오고야 말았다. 고양이가 경고의 의미로 위협적으로 보이려고 입을 크게 벌려 본능적으로 하악-소리를 내는 '하악질'. 위협보다는 놀랐다는 투정에 가까울 정도의 소리였고, 뒷걸음질하며 하악질 하니 당장 공격할 것이라는 걱정은 되지 않았다. 다만 함께 살고 처음으로 하악질할 만큼 스트레스를 받을 환경을 내가 만들었으니 미안할 따름이었다.

하룻밤 사이 또 환경이 바뀐 시루도 스트레스가 많은 상황일 테니, 시루가 있는 이동장을 들고 재빨리 예전에 유주가 살던 방으로 들어가 방문을 닫았다. 천천히 이동장 밖으로 시루를 나오게 했다. 시루는 자신의 체취가 남아있는 가장 익숙한 공간인 숨숨집으로 들어갔다. 지오를 처음 입양했을 때처럼 적응하기 위한 시루만의 시간이 필요한 순간이기에 시루만 남겨놓고 나와 방문을 닫았다.

지오는 익숙한 표정으로 방문 앞에 앉아 기다리고 있었다. 입양 초

창기에 한 달에 한 번씩 그루밍하기 어려운 뒷목에 심장사상충을 예방하는 약을 바르면 지오는 '어떻게 나한테 이럴 수 있냐'는 듯이 나라 잃은 것 마냥 서러운 표정을 짓곤 했다. 지오가 너무 스트레스를 받아서 약 바르기를 멈췄는데, 오랜만에 그 표정을 하고 있었다. 도대체 뭘 데려온 것이냐고 질타하는 듯도 하고, 왜 내 방에 못 들어가게 하느냐고 항의하는 듯도 했다. 그 방은 이사할 때 사다리차로 짐을 다 옮길 때까지 지오가 기다렸던 방이라 지오가 혼자만의 시간이 필요할 때면 한참을 머무르는 곳이었다. 게다가 유주가 본가로 돌아간 뒤 한 번도 닫힌 적 없는 문이 닫히기까지 했으니, 지오도 억울할 터였다. 지오를 한참 쓰다듬으며 미안

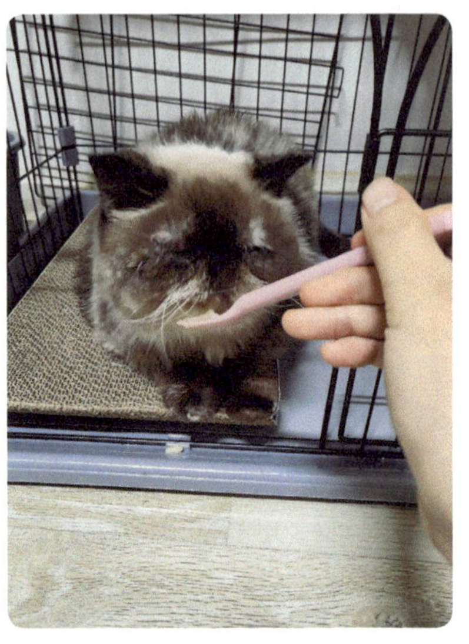

2025년 1월, 낯선 집에서 적응할 때까지 시루는 밥을 떠먹여 줘야 먹곤 했다.

2025년 1월, 낯가리며 적응하는 중에도 장난감 앞에서는 영락없이 해맑았던 시루.

하단 말을 전했다. 그러거나 말거나 지오의 관심은 방문 너머에 쏠려 아예 방문 앞에 자리를 잡고 엎드렸다. 합사가 쉽지 않을 것이라는 직감이 매섭게 몰려왔다.

어쨌든 언제 데려오나 싶었던 시루를 정신없는 와중에도 날을 잘 맞춰 데려오는 데까지는 해냈다는 안도감이 들었다. 한 달 동안 정신없이 바쁜 와중에도 다묘 집사 친구들에게 걱정을 한 아름 털어놓으며 조언을 구했던 시간이 지나갔다. '시작이 반이다'라는 말처럼 전전긍긍하기보다 실전에 부딪히는 게 더 적성에 맞았는지 데려오기 전보다 마음은 편해졌다. 숨을 돌리며 서영이가 준 봉투를 열었다. 서영의 마음이 담긴 현금과 함께 편지가 들어 있었다.

친구의 아픔을 덜어주지 못한 죄책감이 묻은 편지에는 우리의 또 다른 우정에 대한 바람과 고마움이 담겨 있었다. 편지 속 '연대'라는 표현으로 우리는 연결되어 있었다. 친구가 아꼈던 시루를 함께 책임지고 돌보려 애쓴 연대이면서도 서로를 아끼고 돕고자 하는 마음이 담긴 편지를 잘 보이는 곳에 두었다. 정치하는 나의 삶을 응원하는 말이 고플 때 언제든 꺼내 볼 수 있도록. 편지를 읽으며 '묘연'이 확 와닿았다. 몇 달 전 서영이와 여행을 함께 하며 친해지지 않았더라면 단숨에 시루를 데려오겠다고 마음먹지 못했을 것이다. 나도 모든 생명을 구할 수 없다는 것쯤은 알고 있으니까. 한 생명이 생을 다할 때까지 돌보는 것보다 며칠 찝찝한 기분을 견디는 게 몸이 편안한 선택이었다는 것도 안다. 그래도 떠난 친구에게 미안해하는 서영이도, 10년 넘게 함께 살아온 집사를 하루아침에 잃어버린 시루도 안쓰러웠다. 겹겹이 쌓인 인연이 내게 연민을 느끼게 하는 것도 생경했다.

눈물 훔치게 한 편지 때문이었는지, 시루가 잘 적응하는지 신경 쓰였던 탓인지, 그것도 아니면 어느 날부터인가 더 심해진 '내란불면' 때문이었는지 그날도 잠을 설치며 거듭 생각했다. 험악해지는 세상에서 한 생명을 구하기로 한 결정은 참 잘 했다고. 앞으로 내게 엄청나게 많은 감정을 느끼게 할 한 생명이 왔다고.

지오는
육묘 중입니다

3kg 남짓의 시루는 뒤뚱뒤뚱 걷는다. 코 막힌 사람이 입으로 숨 쉬는 것처럼 시루는 납작하게 눌린 콧구멍으로 숨 쉬다 힘들면 입으로 숨 쉬곤 한다. 숨소리만으로도 어디에 있는지 알 정도로 호흡이 거칠다. 혼탁한 눈빛이 시력마저 안 좋게 만들었는지 앞에 무언가 나타나면 시루는 깜짝 놀란다. 시루에게 인사할 땐 코 앞에 손가락을 대고 앞에 있음을 알린 뒤에 경계를 풀면 머리를 쓰다듬는다. 시루의 혓바닥은 까끌까끌하지 않다. 까끌까끌한 혀는 고양이 스스로 목욕하듯 털을 핥는 그루밍이 가능한 이유다. 지오가 핥으면 이내 피부가 알싸해지는 게 느껴지는데, 시루 혀는 강아지 혀처럼 부드러워서 아무리 그루밍해도 효과가 별로 없다.

시루는 숨 쉬고, 먹고, 걷는 모든 행동이 지오와 달랐다. 사람이 제

각각이듯 다르다기보다 나이 든 탓이라고 느낄 때가 많다. 지오는 자
신과 다르게 어수룩하고 모자라 보이는 고양이를 돌보기 시작했다.
아이를 키우는 것이 육아라면, 지오는 시
루를 '육묘' 중이다. 매일 처절하게 육묘를
실패하는 지오와 시루의 동거, 가슴 졸이며
시작했다가 적응의 시간을 지나는 중이다.

· · · · · ·

　지오와 살 때는 일부러 홈캠을 설치하지 않았다. 일이 잘 안된다
싶을 때 온종일 홈캠만 들여다볼 내 모습이 훤했기 때문이었다. 하지
만 시루를 데려오기 전에 이제는 홈캠을 설치해야겠다고 생각이 바
뀌었다. 합사가 잘 되고 있는지도 살펴야 했고, 무엇보다 나이가 많은
시루 건강을 제때 살피며 최선으로 돌봐야 후회가 없을 것 같았다.
방문을 닫고 홈캠으로 살펴본 시루는 집에 온 그날 내내 옴짝달싹하
지 않은 채 잠만 잤다. 밥이나 물도 먹지 않고, 화장실도 가지 않았
다. 분명 하루 있었던 서영이 집에서는 밥도 먹고 화장실도 갔다고 했
었다. 하루 만에 환경이 또 바뀐 게 힘들었던 탓일까, 자주 환경이 바
뀌니 버림받았다고 느끼는 걸까, 좀처럼 시루 마음을 알 수가 없었다.
잘 먹었다던 건사료를 도무지 먹지 않아 습식 사료에 물을 조금 섞어

수프처럼 뭉갠 다음 숟가락으로 떠 시루 입 근처에 댔다. 시루는 한참 쿵쿵거리며 냄새를 맡다가 먹을 것이란 생각이 들었는지 그제야 혓바닥을 날름거리며 먹기 시작했다. 반 정도는 흘릴 정도로 깨끗이 먹는 데 소질이 없었지만, 20분 동안 작은 캔 하나를 먹을 정도로 식욕이 있어서 다행이었다.

아침저녁으로 숟가락으로 밥을 먹이는 집사 일상이 추가됐다. 제때 출근하려면 30분은 일찍 움직여야 했고, 퇴근하고도 족히 1시간은 밥 먹이고 설거지하고 화장실 치우고 빗질하는 고양이 돌봄을 해야 했다. 고양이 두 마리 집사가 되니 돌보는 시간이 두 배가 아니라 서너 배가 늘어나는 듯했다. 먹여줘야 먹는 시루에게 많은 시간을 들여야 하는 건 둘째치고, 하루에 습식 사료 60g 먹는 것으로 건강을 유지할 수 있을지가 걱정이었다. 게다가 돌봄의 현실적인 문제도 있었다. 시루를 데려온 뒤 맞이할 첫 주말에는 창당을 앞둔 대구 출장이 잡혀 있었고, 설 연휴도 있어 통영 집에도 들렀다가 와야 해서 2박 3일은 집을 떠나야 했다. 혼자서도 밥을 잘 먹으면 하루에 한 번 고양이를 돌볼 사람을 구하면 되지만, 계속 혼자 밥을 먹지 않으면 아침저녁으로 시루 밥 먹여줄 사람을 구해야 했다. 비상계엄 선포 이후 한창 정신없는 시기라 나뿐만 아니라 동료들도 바쁜데 손을 빌려야 하는 것도 참 미안한 일이었다.

사무실에서 일하다 생각이 날 때면 홈캠을 들여다보며 시루의 지난 움직임을 확인했다. 시루는 8시간 동안 움직이지 않고 자다가 숨숨집을 가끔 나와 방을 탐색했다. 집에 온 지 이틀 만에 처음으로 화장실을 갔고, 사흘째 되던 날에 드디어 혼자 밥도 먹고 물도 먹었다. 몇 번 깨작이듯 먹는 양은 너무 적어서 혼자서 충분히 먹을 수 있을 때까지 아침저녁으로 밥을 떠먹여야 했다. 출장 일정은 속도 모른 채 어김없이 다가왔고, 염치없이 친구와 동료에게 도움을 구했다.

기꺼이 시간을 내준 동료에게 딱 한 가지를 강조했다. 집에 가면 무조건 지오부터 애정을 담아 만져주며 오래 인사해달라고. 두 고양이의 평온한 합사를 바라는 동료들도 지오에게 미안하고 시루를 안쓰러워하는 집사의 부탁을 흔쾌히 들어주었다. 15살 된 할머니 고양이가 궁금하고 새 고양이를 건디고 있는 지오를 응원하는 마음을 담아 번거로운 걸음 해준 동료들 덕분에 전국의 탄핵 촉구 집회에 가는 발걸음도 가벼웠다.

······

지오와 시루의 합사는 정석대로 순서를 밟았다. 공간을 분리했고, 내 양말에 서로의 냄새를 묻혀 서로의 냄새에 익숙해지도록 했다. 차츰 서로 마주하는 시간도 늘렸다. 처음엔 방묘문을 사이에 두고 서로

2025년 1월, 사람에게는 한없이 다정한 두 고양이가 같은 종족인 서로에게는 긴장을 놓지 않는다.

를 탐색하게 했다가 나중엔 서로가 있는 공간을 바꿔가며 서로를 탐색하게 했다. 시루는 방묘문 바깥의 공간을 궁금해했고, 지오는 시루가 있는 방을 예전처럼 자유롭게 쓰기를 원했다. 시루가 왔던 날에 지오가 처음 보여주었던 하악질을 더 하지 않았고, 시루는 떠먹여 주지 않아도 충분히 밥을 먹기 시작했다. 이제 합사할 준비가 되었나 싶어 시도했다가 지오가 시루를 때리는 것을 보고서 다시 분리시켰다. 합사가 실패하면 다시 처음부터 과정을 밟으라는 전문가의 조언을 따라야만 했다.

시루가 집에 온 지 두 달이 되어갈 무렵, 시루가 사무치게 외로울 것만 같다고 생각했다. 지오는 시루가 있는 방을 제외한 모든 공간을 제 것처럼 사용하며 집사를 따라다녔다. 시루의 움직이는 범위는 작은 방 한 칸이었다. 나 역시 시루 화장실을 치우고 잠깐 놀아주며 빗질을 해줄 때 말고는 주로 내 방에 있으니, 시루와 한 공간에 머무르는 시간이 너무나 짧았다. 시루가 우리 집에 오기 전보다 사랑받고 있다고 말하기에는 턱없이 부족한 시간을 함께 보내는 셈이었다. 시루도 지오만큼이나 사람을 좋아한다는 걸 처음 본 날부터 내내 실감했던 터라 더 안쓰러웠다. 어느 밤 시루가 있는 방에 이부자리를 깔고 누웠다. 시루는 처음 봤을 때처럼 이불 근처를 맴돌며 만져달라고 보챘다. 30분이 지나도록 기분 좋을 때 내는 골골송을 부르는 데 멈출 기색도 보이지 않았다. 그동안 지오와 시간을 보내는 집사가 얄미웠겠다 싶을 정도로 애정을 바라는 게 느껴졌던 하룻밤을 보냈다. 다음 날 이불을 정리하며 별안간 다짐했다. 시루에게 시간이 얼마나 남았을지도 모르는데 집사의 사랑을 듬뿍 느끼게 해주자고. 두 달 동안의 분리 생활을 끝내고 방묘문 문을 활짝 열어두는 합사를 시작했다.

시루는 밤마다 조심스럽게 집을 탐색했다. 거실 곳곳을 돌아다니며 냄새를 맡다가도 내 방문 앞에선 멈춰 앉아 들어오지 않았다. 아마도 지오의 공간이라고 생각하는 듯했다. 지오도 방문 앞 거실에 문지기처럼 앉아 집을 탐방하는 시루를 바라보곤 했다. 그러니 시루의 걸음이 내 방 문턱을 넘기가 더 쉽지 않았다.

지오는 시루에게 다가가 자주 냄새를 맡았다. 시력이 좋지 않은 시루는 지오와 함께 냄새를 맡다가 지오라는 걸 알고는 화들짝 놀라 뒷걸음쳤다. 그러면 기분이 상한 지오가 시루를 한두 대 정도 때렸고, 집사가 막아서면 지오는 발길을 돌렸다. 나중에는 서로 냄새를 맡다가 여느 때와 같이 화들짝 놀란 시루가 지오를 먼저 때렸다. 다른 고양이에게 맞고 컸다는 시루 얘기가 떠올랐다. 지오보다 체구도 작고 나이 든 시루가 지오를 이길 방법은 없지만, 자신에게 가까이 오지 못하도록 먼저 때리는 것 같았다. 다행히 지오는 시루와 무리하게 싸우지 않았다. 시루가 이길 수 없는 지오를 때릴 용기로 내 방 문턱을 넘기만 하면 사이가 좋진 않아도 썩 나쁘지도 않은 관계로 합사를 성공할 것만 같았다.

2025년 10월, 지오가 시루에게 다가가 냄새를 맡다 그루밍을 해주면, 3초 후 화들짝 놀란 시루가 냥펀치를 날리고 한동안 냥펀치가 오고간다.

어느 날 잘 준비를 마치고 집에 모든 불을 끄고 누워 있을 때 시루가 내 방 문턱을 넘었다. 시루가 놀랄까봐 속으로 드디어 해냈다는 쾌재를 불렀다. 이내 시루는 짧은 다리로 내가 누워 있는 침대 위로 홀쩍 뛰어올랐다. 시루를 분리하기 위해 마련한 3층으로 된 케이지 중 시루는 1층만 사용했다. 나이가 들어서 고양이답게 뛰지 못하는 것이라 여겼는데 전혀 아니었던 것이다. 시루는 침대 위로 착지할 때 떨어지지 않으려 필사적으로 파닥거렸다. 깜짝 놀란 나도 재빨리 시루를 침대 안으로 끌어당겨 쓰다듬었다. 시루는 거칠게 숨을 몰아쉬며 침대를 돌아다니다 만져달라고 애교를 부렸다. 잠들기 직전까지 골골송을 부르더니, 지오와는 비교도 안 되게 큰 코골이 소리가 들렸다. 단추 구멍만큼 작은 콧구멍에서 이렇게 요란한 소리를 낼 수 있다니. 시루에게 듬뿍 주는 사랑에는 사람처럼 요란하게 코 고는 시루와 함께 자는 것에 새롭게 적응하는 것도 포함됐다.

힘겹게 침대 위로 뛰어 올라오는 시루가 안쓰러워 계단을 샀다. 그러니 시루는 내가 침대에 누울 때마다 한 계단씩 밟으며 침대 위로 올라왔고, 내가 집에 있는 동안에는 내가 있는 공간에서 머물렀다. 침대를 포함해서 집사가 있는 모든 공간이 제 것이었던 지오는 하루 아침에 시루에게 모든 걸 빼앗긴 셈이 됐다. 지오는 시루가 침대에 있으면 올라오지 않다가 시루가 없을 때나 시루가 잠들었을 때 침대 위에 있는 내게 잠깐 인사하고 내려가곤 했다. 지오는 항상 집사와 함께 잤던 침대를 시루에게 양보하고 침대 옆 캣타워 3층에서 자기 시작했다. 마치 지오 자신은 시루보다 시간이 많으니 양보하는 듯이 지오와 시루의 경계는 없으나 편안하지는 않은 동거가 시작됐다.

……

서영이가 말했던 시루의 배변 실수는 사람의 요실금 증상과 비슷했다. 시루가 있었던 자리에 시루 오줌이 조금 묻어있는 식이었다. 시루가 침대 위로 올라오고부터는 3일에 한 번씩 침대 패드를 빨아야 했다. 지오에게서 본 적 없고, 다른 고양이 사례로도 접한 적 없는 다른 화장실 문제가 생기기 시작했다. 고양이는 화장실 모래에 대소변을 누고 자기 냄새를 지우려 모래로 덮는 게 가르치지 않아도 스스로 하는 본능이었다. 하지만 시루는 모래를 덮지 않았다. 게다가 화장실이 아닌 곳에 똥을 싸기 시작했다. 마치 시루가 정한 지정석처럼 처음 격리하며 지냈던 방의 책상 바로 아래에만 쌌다.

할머니 고양이를 데려오면서 배변 실수하는 고양이의 흔적을 치우는 수고는 각오했었지만, 지오의 스트레스는 다른 문제였다. 지오 입장에서는 이 집으로 이사할 때 제일 처음 있었던 공간이자 자기만의 시간이 필요할 때 찾는 공간을 더럽히는 존재가 나타난 것이었다. 지오는 시루가 움직일 때마다 어디로 가는지 무엇을 하는지 쫓아다니며 주시하기 시작했다. 시루는 시력이 좋지 않아 지오가 쳐다보거나 쫓아다니는 것도 모르고 해맑게 뒤뚱뒤뚱 걸으며 집 안을 누볐다. 시루의 화장실 문제를 어떻게 해야 하나 머리를 싸매고 친구에게 고민을 털어놓으니, 착한 집사 때문에 지오가 고생이 많다고 했다. 지오의 동의 없이 다른 고양이를 데려와 스트레스를 받게 하는 현실이 콕 짚어질 때마다 지오에게 미안함이 커졌다.

어느 날, 지오가 시루에게 달려들더니 목을 콱 물었다. 노는 건지 싸우는 건지 도통 구분하기 어려웠다. 시루는 눈을 감고 주먹을 휘두르는 것처럼 허우적댔다. 놀란 나는 재빨리 지오와 시루를 떨어지게 했다. 그런데도 지오는 분이 풀리지 않은 것처럼 시루를 노려보고 있었다. 방묘문을 잠깐 닫아 분리시켜놓고 보니 책상 아래에 익숙한 냄새와 함께 실루엣이 보였다. 시루가 방바닥에 똥 싸는 게 싫어서 지오가 시루 목을 콱 물었던 걸까. 시루 똥을 치우고 아예 그 자리에 강아지 배변 패드를 깔았다. 시루는 배변 패드에 오줌을 싸고 화장실 모래에 똥을 싸기 시작했다. 그루밍은 잘 못하면서 자신의 소변이 있는 곳에 똥 싸지 않는, 요상한 데서 깔끔 떠는 시루는 여전히 똥을 모래로 덮지 않아 자신이 싼 똥임을 알렸다.

시루의 배변 문제는 집사가 출근하고 집에 없을 때 생겼다. 혹시 지오가 내가 없을 때 배변 실수하는 시루를 구박하지 않을까 걱정돼 홈캠을 돌려봤다. 시루가 화장실에 들어갔다가 또 모래를 덮지 않고 나갔다. 움직임을 주시하던 지오가 시루를 지나쳐 화장실에 들어가 냄새를 킁킁 맡았다. 시루에게 달려가 혼내려나 싶었는데, 지오가 시루의 흔적을 모래로 덮고 유유히 화장실을 나왔다. 시루에게 다가가 냄새를 잠깐 맡더니 싸우기 싫어서인지 청결 상태가 괜찮았다고 생각했던 건지 그대로 시루를 지나쳤다. 시루에게 스트레스받아 미워하는 줄 알았던 지오가 알고 보니 시루의 부족한 부분을 채워주고 있었다. 그 뒤에도 단둘이 있을 땐 구박하지 않지만 집사 앞에서 시루의 목덜미를 무는 지오를 봤다. 지오와 시루를 떨어뜨리고 화장실이 있는 방에 들어가면 어김없이 안 치운 똥이 있거나 배변 패드가 흥건해 패드를 갈아야 할 때였다. 어미 고양이가 새끼 고양이를 혼내듯이 지오는 시루를 육묘하고 있던 것이다. 친구의 말대로, 지오가 고생을 하는 중이었다.

시루가 내 방문턱을 넘은 2025년 3월 이후 둘은 캣타워도 공유한다. 대신 층을 나눠서.

······

생각해보니 지오는 늙은 고양이를 만나본 적이 없을 것 같았다. 지오는 2살일 것이라 추정될 때 나와 살기 시작했다. 최소 3개월을 길냥이로 살았다고 하더라도 길냥이의 평균수명이 3년이 채 되지 않아 길에서도 늙은 고양이를 못 봤을 것이다. 숨 쉴 때도 거친 호흡 소리가 들리고 걸을 때도 발톱이 저벅저벅 부딪히는 소리가 나는 늙은 고양이, 높은 곳을 단번에 올라가기 어렵고 앞이 잘 보이지 않아 다른 사람이나 고양이가 가까이 다가오기 전까지는 알아차리지 못하는 늙은 고양이. 지오 눈에는 시루가 고양이답지 않게 모자르다고 생각했을 것만 같았다.

사람도 늙으면 아이가 된다고 말하듯 시루도 영락없는 아기고양이처럼 해맑았다. 시루가 온 지 2주가 지났을 무렵부터 장난감으로 놀아주기 시작했는데, 장난감이 움직이는 곳으로 고개를 홱 돌려가며 쫓다가 타닥타닥 발톱 소리 내며 장난감을 잡으러 가는 사냥놀이를 즐겼다. 할머니가 되어도 노는 것이 즐거운 시루는 목소리를 들려주기 시작했다. '냐오옹옹옹-' '아우웅아웅웅웅' 소리는 마치 말을 하는 것만 같았다. 장난감을 물고서 소리 내는 것을 보니 장난감으로 같이 놀자는 뜻인 듯했다. 매일 아침에 눈을 뜨면 침대 위에 놓인 장난감을 보고 미소 짓게 한다. 주방에서 간식을 꺼내는 소리가 들리면 시루도 지오를 따라 슬그머니 주방으로 나온다. 나이 들어도 먹고 싶고 놀고 싶은 욕망이 다르지 않다는걸, 그리고 잘 먹고 잘 노는 게 같이 사는 사람에게 보람을 안겨준다는 걸 시루를 통해 배운다.

영화 기생충에서 숨길 수 없는 계급을 냄새로 표현했는데, 냄새는 늙는 것을 상징하기도 했다. 대학에 다닐 때 거동이 불편한 혼자 사는 할머니의 목욕을 도와드리는 자원활동을 했다. 할머니 집에 방문할 때마다 특유의 냄새가 났는데, 종종 어르신을 만날 때마다 익숙한 냄새도 동행하곤 했다. 사람도 나이 들면 냄새를 피할 수 없듯 무취가 장점이라 일컬어진 고양이도 마찬가지였다. 시루는 습식 사료를 바닥에 흘릴 뿐만 아니라 턱에도 묻히며 먹었다. 그런데 혀가 까끌까끌하지 않아 그루밍을 제대로 못 하니 시루 턱에서는 눅눅해진 걸레 냄새가 자주 났다. 게다가 요실금 증상도 있을 뿐만 아니라 제멋대로 방바닥 한구석을 화장실로 이용하니, 가끔 퇴근하고 집 문을 열 때 쿰쿰한 냄새에 화들짝 놀라는 일도 늘었다. 나이 든 생명과 함께 살아간다는 건 예전과는 달리 감당해야 할 일이 많아진다는 의미라는 걸 경험한다.

힘의 순서로 서열을 매기는 동물의 세계에서 자신보다 부족해 보이는 고양이를 돌봐주는 착한 지오는 매일 처절하게 육묘에 실패한다. 지오가 아무리 육묘하듯 혼내도 시루는 변화가 없다. 배변 패드도 화장실 모래도 아닌 또 다른 지정석인 방바닥에 자주 똥을 싼다. 모래보다 더 편히 여기는 배변 패드가 흥건해질 때까지 오줌을 누고, 밥을 먹을 때도 먹는 것만큼 흘리는 것도 많다. 두 고양이 사이에서 긴장감이 묘하게 올라올 때도 장난감을 흔들면 지오 따위 아랑곳하지 않고 장난감에만 집중할 정도로 해맑다. 게다가 지오의 육묘를 거부하는 정도가 강해졌다. 목덜미 물린 시루가 허우적댄 후에 시루 발톱 사이에 낀 지오 털을 볼 때마다 지오가 육묘에 실패했다는 걸 느낀다. 지오가 시루를 괴롭히는 것이라고 오해했을 땐 시루가 스트레스받아 힘들까봐 지오가 원망스러울 때도 있었다. 원한 적 없는 동거였지만 마음처럼 따라주지 않는 지오에게 미안하면서도 장유유서도 모르는 고양이라며 얄밉게 본 적도 있었다. 시루는 살날이 많지 않은 할머니 고양이라는 이유로 무작정 지오의 양보로 평안함을 바랐던 집사의 이기심임을 안다.

매일 육묘에 실패하며 시루의 '냥펀치' 때문에 털이 한 움큼씩 빠져도 육묘를 포기하지 않는 지오를 이제는 원망하지 않는다. 오히려 육묘하는 지오의 수고를 알아주면서도 애정 표현할 수 있는 방법을 찾으려 애쓴다. 시루에게 침대를 뺏겨 화장실 매트를 침대 삼아 누워 있을 때가 많은 지오에게 시루 몰래 간식을 주고, 시루가 없는 방에서 둘만의 시간을 갖고 쓰다듬어 주곤 한다. 그런 날엔 시루가 실수를 해도 지오가 적당히 넘어가 주기도 한다. 돌봄의 노고를 알아주는 일이 집안의 평화를 가져오는 첫걸음이라는 걸 지오에게서 배운다. 두 고양이가 날 더 다정한 사람으로 만들어 주고 있음을 느낄 때, 또 생각한다. 시루가 없었다면 몰랐을 것이라고.

기후위기 시대의
집사 생활

지오를 입양한 건 기후위기에 대한 두려움 때문이었다. 사계절을 느낄 수 있는 날씨의 장점이 흐릿해지고 폭우나 폭염 같은 자연재해가 뒤따르니 기후위기가 체감됐다. 기후위기를 벗어날 노력이 효과를 발휘할 수 있는 기한이 정해져 있는데, 그 기한 내 탄소 배출량을 못 줄이면 기후위기로 빚어진 재앙을 일상으로 살아야 한다는 두려움. 앞으로 살아갈 날이 재앙 같은 일상일 것이라는 무력감을 느끼면서도 한 생명을 살리는 의미 있는 일을 해보자고 결정한 것이 고양이 입양이었다.

한 달에 한 번 전체 갈이 하는 화장실 모래, 두 달에 한 번씩 한 통을 비워내는 사료 봉지, 지오가 좋아하는 간식 포장지 정도가 지오와 함께 살면서 추가로 배출하게 된 쓰레기였다. 간혹 지오가 핸드폰 충전 케이블이나 노트북 전원선을 잘근잘근 씹어 쓰레기로 만들어 버린 일도 더러 있었다. 고양이 이빨에도 강한 충전 케이블로 바꾸거나 노트북을 쓸 때가 아니면 전원선을 뽑는 방식으로 예기치 못한 쓰레기 발생을 막으려 했다.

할머니 고양이 시루가 온 뒤에는 상황이 아예 달라졌다. 고양이 돌보는 데 들어가는 시간이 두 배가 아닌 서너 배가 늘어난 것처럼, 쓰레기는 네다섯 배나 늘었다. 이빨이 거의 없어 건식 사료를 못 먹는 시루는 습식 사료를 먹어야 했다. 습식 사료는 30g 작은 용량부터 대용량으로 취급되는 150g까지 종류가 다양했는데, 모두 캔이나 비닐 등에 포장된 형태였다. 3kg 남짓의 시루는 하루에 240g 정도 습식 사료를 먹어야 했다. 지오는 시루가 먹는 것을 먼저 맛보는 것으로 자신의 서열이 앞 순서임을 뽐내곤 했다. 덕분에 습식 사료를 즐겨 먹지 않던 지오도 습식을 잘 먹기 시작했다. 두 고양이는 하루에 습식 사료 4개 이상을 먹었다. 전에는 일주일에 7개 정도 캔 쓰레기를 배출했다면, 시루 입양 후에는 그 양이 최소 30개 정도로 늘어버렸다.

고양이용 모래 화장실 개수는 배로 늘었는데, 시루는 강아지용 배변 패드까지 애용했다. 배변 패드에 오줌 누고 모래 덮는 것처럼 배변 패드를 긁었다. 강아지 용품을 쓰면서 자신은 고양이라고 웅변하듯 고양이 특성도 고스란히 보여주는 것이었다. 패드의 면이 시루 발톱에 찢기니 소변이 바닥에 새지 않도록 하루에 두 번은 패드를 갈아야 했다. 가로가 95cm나 되는 대형 배변 패드를 갈 때마다 주변에 묻은 소변도 닦아내야 했다. 며칠은 걸레로 닦았다. 그러다 일이 바빠 귀가도 늦어지고 몸은 피곤하니 키친타월과 물티슈를 찾게 됐다. 배변 패드를 5번 갈면 10L 종량제 봉투가 찼다. 낡은 빌라가 밀집해 있는 곳은 쓰레기 버리는 날이 일주일에 세 번으로 정해져 있는데, 하루라도 쓰레기 버리는 날을 놓치면 다음에 양손 가득 쓰레기 봉지를 내다 버려야 했다.

15살 시루뿐만 아니라 지오도 8살이니 두 고양이 모두 할머니 고양이인 셈이었다. 더 오래 집사 곁에서 함께 살았으면 하는 마음에 고양이 영양제도 매일 챙기기 시작했다. 신장에 좋은 유산균, 호흡기에 좋은 영양제, 구강 건강에 좋다는 간식까지 두 고양이에게 급여할 때도 새로운 쓰레기가 생겼다.

시루도 함께 산 지 한 달 정도 지나고 나서는 '현타'가 왔다. 일주일에 여러 번 양손 가득 쓰레기 봉지를 들고 내다 버리는 번거로움은 상관없었다. 기후위기로 일상이 재앙으로 변할 것 같은 지구에서 하나의 생명이라도 구해보자고 마음먹었던 고양이 입양이었다. 그런데

2024년 907 기후정의행진, 기본소득당은 행진에서 탄소세 기본소득을 요구하며 행진했다.

고양이 두 마리의 집사가 되니 오히려 기후를 더 망가뜨리는 기후파괴범이 된 것 같은 자괴감이 들었다. 어느 집에 고양이가 살든 쓰레기는 생기기 마련이다. 쓰레기 줄이자고 이미 이 땅에서 함께 살고 있는 생명을 죽도록 내버려 둘 수도 없다. 그렇다고 쓰레기가 대폭 늘어난 것을 합리화하기에는 마음 깊은 곳에서부터 삐죽대는 양심의 소리 때문에 괴로웠다. 바쁘고 몸이 고되다고 걸레 대신 키친타월 몇 장을 북북 찢어 쓰고, 빨아 쓰는 배변 패드 대신 일회용을 쓰는 건 결국 나였으니 말이다.

한참 빨아 쓰는 면생리대가 유행하던 때가 있었다. 생리대 속의 유해 물질이 여성 건강에 해로워 면생리대가 가장 안전하다는 인식이 번졌다. 게다가 한 번 생리할 때마다 버려지는 수십 개의 생리대가 환경에도 좋지 않다는 이유였다. 마음 맞는 친구들과 면생리대 만들기 강좌도 열었고, 예쁜 디자인의 면생리대를 사기도 했다. 매일 손빨래할 엄두는 나지 않아 한 번 생리할 때 필요한 만큼 면생리대를 준비했다. 그런데 환경도 지키고 건강도 지키자던 결심은 6개월이 되지 않아 시들해졌다. 번거로움 대신 몸이 편한 선택으로 금세 돌아가 버린 것이다.

일회용품의 삶은 편리함만 제공하는 것이 아니었다. 간편하게 일회용품을 택하면 돌봄을 하는 데 드는 시간을 줄인다. 걸레와 배변 패드를 빨고 말리는 시간이 하루에 몇 분밖에 걸리지 않는다고 하더라도, 일회용품을 쓰면 그 몇 분도 쓰지 않아도 되니 말이다. 물에 녹아 변기에 버릴 수 있어 쓰레기 배출을 하지 않아도 되는 배변 패드나, 빨아 쓰는 배변 패드는 일회용품보다 비싸기까지 하다.

기후파괴범이라는 자괴감을 줄일 수 있는 방법은 둘 중 하나였다.

일회용품 사는 데 들어가는 비용을 넘길 만큼 오랫동안 빨아 쓸 수 있는 제품을 사용하면서 시간을 쓰는 법. 아니면 일회용품보다 비싼 친환경소재로 만들어진 제품을 구매해 환경을 생각하며 돈을 더 쓰는 법. 기후를 생각하는 윤리적인 소비와 생활 방식에는 시간과 돈이 든다. 달리 말하면 시간과 돈이 없다면 기후를 파괴하고 있다는 자괴감에서 벗어날 방법이 없다는 의미이기도 하다. 시간과 돈이 부족한 사람들의 돌봄에는 일회용품을 쓰는 게 최적의 선택이 된다. 고양이 돌봄뿐만 아니라 사람 돌봄도 마찬가지다.

무엇보다 시루를 데려왔을 때는 내란 사태 때문에 난리통이었다. 일할 시간을 도무지 줄일 수 없었다. 오랫동안 준비한 비상계엄이었다거나 정치인들을 포함해 정부에 쓴소리한 인사들을 제거하려 했다는 등 비상계엄 관련 뉴스가 매일 새롭게 드러나 마음도 괴로웠다. 무엇이 끝이라고 단호하게 말할 순 없어도 적어도 대통령 탄핵이라는 과정까지는 마무리해야 긴장을 풀 수 있을 것만 같은 나날을 보내던 참이었다.

그래, 당분간은 기후파괴범이라는 자괴감까지 안고 살자.

날마다 새로운 분노와 절망, 비상계엄 선포를 빨리 해제하지 않았으면 어쩔 뻔했나 싶은 불안이 몰려오니 자괴감을 없앨 기회는 뒤로 미뤄뒀다. 비상계엄 선포라는 사달을 내지 않았으면, 굳이 자괴감에 괴로워하지 않아도 되었을 텐데. 미움의 마음만 커졌다.

......

아직 대통령을 끌어내리지 못했던 2025년 봄, 산불이 대한민국을 덮쳤다. 경북 의성과 경남 산청을 비롯해 전국에서 불길이 일었고, 강풍 때문에 불길을 잡을 새도 없이 엄청난 속도로 산불이 번졌다. 왜 불행한 일은 한꺼번에 닥치게 하는지 하늘이 원망스러웠다. 산불 피해가 심각한 곳들은 하나같이 고령인구가 많은 곳이었다. 대피 소식을 제때 듣지 못해 숨지거나, 대피하다가 숨을 거두는 인명 피해 소식이 너무나 마음 아팠다. 모두가 마음 깊이 시원하게 비가 내려 거대한 화마를 꺼뜨리기를 기도했다. 그리고 모두가 알았다. 하루아침에 삶의 터전을 불태워 버리는 재앙도 기후위기 때문이라는 것을 말이다.

재앙이 닥쳤으니 정당이 할 일을 또 해야 했다. 산불피해복구지원 모금과 당원과 함께할 피해복구 자원활동을 계획하는데, 한 모금 소식이 눈에 들어왔다. 민가까지 번진 불에 도망가지 못해 화상 입은 동물을 구조하고 치료하기 위한 모금이었다. 산불로 민가의 사람을 대피시킬 때 누군가는 줄에 묶여 도망가지 못했거나 집을 떠날 수 없어 서성거리는 동물을 구하고 있었다. 그들이 구해낸 화상 입은 동물의 모습에서 고통이 온전히 전해져 안쓰러웠다. 인간에게도 가장 심한 고통이 화상이라고 하지 않았던가.

2023년에 대피소에 대해 알아본 적이 있었다. 요란한 소리와 함께 이름도 생소한 '위급 재난 문자'를 받았을 때였다. 서울 지역에 경계경보를 발령했으니 대피 준비하라며 서울시가 보낸 문자였다. 폭우나 폭염, 사고가 났을 때 받는 안전 안내 문자와는 달랐다. 날씨마저 화창했던 5월 이른 아침에 민방위 훈련 사이렌 소리와 함께 알아들을 수 없을 정도로 웅얼웅얼하는 방송 소리도 들렸다. 침대에 누워 도대체 무슨 일인지 파악하고 있는데, 지오는 깜짝 놀라 캣타워 꼭대기에서 요란한 소리가 들리는 바깥을 쳐다보고 있다가 내가 있는 침대 위로 올라왔다.

며칠 전부터 북한이 우주발사체를 쏠지도 모른다고 경고했던 게 기억났다. 남북 관계가 살얼음 걷듯 위태롭게 살벌하던 때였다. '와, 만약에 이미 우주발사체를 쐈으면 떨어지는 데까지 얼마나 걸리나. 지하철 같은 데로 대피해야 하는 건가?' 순간 잠이 확 깼다. 문자를 다시 봐도 무엇을 해야 할지 어디로 가야 할지 도통 감을 잡을 수 없었다. 놀란 지오를 쓰다듬으며 진정시키는 데 휴대폰 재난 문자 알림이 한 번 더 요란하게 울렸다. 민방위 사이렌 소리도 요란하게 반복됐다. 지오는 깜짝 놀라며 소리 나는 휴대폰을 피해서 다시 침대 옆 캣타워로 피신하듯 올라갔다. 정말 대피해야 하는 상황이라면 함께 살고 있는 고양이는 어쩌나 하는 생각이 스쳤다.

대피해야 할 곳이 어디든 사람들이 많이 몰릴 것이다. 그 공간에 반려동물 출입을 허가할 가능성은 많지 않다. 집사 없이 홀로 집에 남아 있을 고양이는 자동급식기도 없어 혼자 밥도 먹을 수 없다. 무엇보다 알림 소리에도 놀라서 캣타워와 침대를 오간 겁 많은 고양이를 혼자 집에 둘 수가 없었다. 정말 미사일로 의심되는 우주발사체가 떨어져 혹여나 생의 마지막 순간을 보내야 한다고 할지라도 지오와 함께 있자는 애틋한 마음을 먹었던 찰나였다. 다시 온 재난 문자는 행정안전부가 보낸 문자였고, '서울시의 경계경보는 오발령'이었다는 내용이었다. 1분도 채 되지 않는 시간 동안 지오를 보며 대피할 수 없는 지오와 끝까지 함께 있겠다는 비장한 결심이 우스워져 헛웃음이 났다.

행정안전부와 서울시가 오발령 재난 문자 책임을 서로에게 미룰 때 다른 것도 화제가 됐다. 농림축산식품부에서 제작한 '반려동물 가족을 위한 재난 대응 가이드라인'이었다. 나처럼 반려동물을 혼자 두고 대피할 수 없다고 느낀 사람이 많았던 것이다. 국민재난안전포털의 재난대피소 지침에는 반려동물은 대피소에 데려갈 수 없다고 했다. 재난 대응 가이드라인 대로 언제든 대피할 수 있도록 미리 준비해봤자 반려동물과 함께 갈 수 있는 대피소가 없다. 가이드라인 내용에서 '대피 중 기둥에 묶어두지 마세요' 말고 재난 속에 반려동물을 보호할 수 있는 방법이 없다. 이조차도 반려동물이 알아서 도망가라는 것이지 보호 방법이 아니다. 기후위기로 고통받는 존재는 대피할 곳도 없이 온몸으로 재앙을 마주하고 있다는 걸, 고양이와 함께 산 지 3년이 지나서야 알았다.

······

2025년 봄을 새까맣게 태워버린 산불 피해에 절망한 수많은 사연 중에 오래 시선이 머무는 것이 있었다. 도망가라고 목줄을 풀어준 개가 집을 떠날 수 없어 하염없이 불타는 집을 쳐다보다가 화상 입은 사연에 마음이 쓰라렸다. 목줄을 풀어줄 때의 처참하고 서글펐을 마음과 목줄을 풀어줬는데도 주인을 기다리다가 화상 입은 반려견의 소식을 들었을 때의 미안하고 안타까웠을 주인의 눈물이 한동안 기억을 떠나지 않았다. 인간 때문에 재앙을 경험하면서도 인간과 함께 살았던 곳을 떠나지 못하는 반려동물이 너무 애잔했다.

지금이 생을 잃을 수도 있는 상황이라면 지오와 마지막을 함께하겠다는 마음은 어쩌면 북한의 우주발사체 때문이었을지도 모른다. 이미 쐈다면 짐 챙기다가 피할 시간조차 없이 어차피 망한 것 아닌가 싶었다. 날아오는 실체도 보이지 않으니, 두렵기보다는 될 대로 되라는 막연함도 앞섰다. 산불처럼 당장 눈앞에 선명하게 보이는 재난에서도 마지막 순간이라면 고양이들과 함께 하겠다는 비장한 결심을 할 수 있을까. 수많은 재난 영화에서처럼 눈앞에 재앙이 펼쳐진다면 몸이 굳거나 한동안 판단을 하지 못할 정도로 정신을 못 차릴 수도 있지 않을까.

22년 여름의 한 죽음도 떠올랐다. 기록적인 폭우가 서울을 강타했을 때 동작구의 한 50대 여성이 반려묘를 구하려고 반지하 주택에 다시 들어갔다가 당한 참사. 집 안에 물이 차오르고 있다는 걸 알면서도 내 삶의 소중한 존재를 외면할 수 없었을 것이다. 그 절절한 심정이 생생히 와닿아서 애달픈 마지막이었다.

혼자서 두 마리 고양이를 키우는 집사가 되니 고양이와 함께 대피하는 게 더 막막해졌다. 5kg인 지오와 3kg인 시루를 이동장에 넣어 업고 매고 나오는 것조차 쉽지 않을 것 같아서다. 기후위기로 인한 재난이 닥쳤을 때 고양이와 대피할 엄두도 못 내니까 기후파괴범이라는 자괴감이 드는 것일지도 모른다. 대통령은 탄핵됐고 내 양심을 괴롭히는 문제에서 벗어날 방법을 더 미루지 말자는 생각에 이 글을 쓰면서 주문했다. 이제 빨아 쓰는 배변 패드를 쓰는 집사가 되어보려 한다. 본전 뽑았다고 만족할 때까지 지치지 않았으면 하는 작은 다짐과 함께.

2025년 10월, 빨아쓰는 배변패드를 구입했다. 시루가 쓰는 물건이지만 언제나 새 물건은 지오가 먼저 반긴다.

기본소득,
우리의 권리이자
변화의 시작

2020년 1월 19일 기본소득당을 창당했다. '대한민국 최초 원 이슈 정당', 언론이 주목한 우리의 모습이었다. 보편적 가치를 담은 당명이 아닌 정책을 담은 당명이라는 점을 이색적으로 바라봤고, 아울러 기본소득에 얼마나 진심이길래 당명에 담았는지 궁금해했다. 앞의 이야기들이 기본소득당 정치인으로서의 일상과 고민을 담아낸 것이라면, 이번 이야기는 오직 기본소득에 관한 이야기다. 연구자가 아닌 정치인으로서 실현해 내고 싶은 기본소득에 푹 빠진 매력 포인트에 대한 안내다.

1. 기본소득에게 첫눈에 반했다

기본소득은 국가나 지방자치단체 등 정치공동체가 모든 개개인에게 조건 없이 정기적으로 지급하는 현금이다. 여느 현금 지급 복지처럼 가구 단위에 지급하는 것이 아니라 개인에게 지급한다. 재산이나 소득, 근로 능력 등을 심사하지 않으며, 기본소득을 받는다는 이유로 무언가를 하라는 조건을 붙이지 않고 무조건 준다. 매달이든 매년이든 정기적으로 지급하고, 서비스가 아닌 현금으로 지급해야 기본소득이다.

2007년 대한민국 대통령선거에서 '국민 기본소득제'라는 공약을 봤다. 신선한 충격이 반가웠다. 마치 사막에서 오아시스를 발견한 것처럼 유레카를 외치고 싶을 정도로. 우리나라는 2000년부터 국민기초생활보장제도가 시행됐다. 국민이 인간다운 최소한의 삶을 살아갈 수 있도록 정부가 소득을 지급하는 정책이 시작된 것이었다. 하지만 심사 조건이 까다로워 선정되기는 어려웠다. 재산과 소득은 얼마인지, 근로 능력이 있는지 등을 따지고 부양할 다른 가족이 없는지도 심사한 후에야 선정될 수 있었다. 지금은 수급 자격이 점차 완화되고 있다. 그래도 전체 국민 중 5% 내외만 제도의 보호를 받을 수 있을 정도로 여전히 수급자가 되기는 어렵다. 누군가의 삶을 보장하기 위해서라기보다 누군가를 떨어뜨리기 위해서 심사한다고 느껴질 만큼 자격 요건이 까다로운 탓에 심사 과정에서 모멸을 느끼는 경우도 많았다. 수급자로 선정되더라도 가난한 사람들을 향한 차별적인 시선을 견뎌야 했다. 최소한의 삶을 보장받는 것은 권리라는 인식보다 가난의 책임을 개인에게 뒤집어씌우는 시선이 강해서다.

장애가 있거나 가난한 사람들을 만나는 자원봉사활동을 하던 나는 사람을 존중하는 더 나은 제도를 바라던 찰나였다. 그때 만난 기본소득이란 아이디어는 '심봤다!'를 외치고 싶을 정도로 반가웠다. 이후에 나는 기본소득을 공부하며 기본소득 정책을 약속한 정당에서 활동했고, 기본소득 실현을 위해 조금씩 내가 할 수 있는 일을 시작했다.

2. 기본소득 아이디어, 어디서 왔을까?

대한민국에서는 영향력 있는 정치인이 기본소득을 말하면서 점차 유명해지기 시작했다. 기술이 발전할수록 인간의 일자리가 줄어들 것이라는 불안이 커질수록 기본소득은 미래에는 필요한 정책이라는 인식도 커졌다. 코로나 재난이 덮쳐 '사회적 거리두기'를 시행하며 일상이 멈췄을 때는 국민 절반이 기본소득 필요성에 공감할 정도였다. 기본소득에 대한 동의가 커질 수 있었던 것은 현실 정치에서 제한적이나마 기본소득 취지를 담은 정책이 시행된 영향이 클 것이다.

2016년에 경기도 성남시에서 만 24세 청년에게 연 100만 원 청년배당을 지급했고, 2019년에는 이를 경기도로 확대해 만 24세 청년에게 연 100만 원 청년기본소득을 지급했다. 2020년 코로나 재난에는 가구 단위로 전국민 재난지원금을 지급했고, 내란 이후 대통령선거가 끝난 뒤 2025년에도 얼어붙은 소비를 살리기 위해 민생회복지원금을 지급했다. 기본소득이 먼 미래에 해야 할 일이 아니라 지금부터 만들어 가야 할 과제가 된 것은 경험의 힘이 크다.

기본소득은 대한민국에 갑자기 뚝 떨어진 아이디어는 아니다. 자본주의가 꿈틀대던 시기에 불평등이 커지기 시작했고, 불평등을 없애고 인간의 진정한 자유가 실현되길 바라던 학자와 사회운동가들은 불평등의 원인을 짚으며 대안을 제시하기 시작했다. 모두는 기본소득을 받을 권리가 있다는 결론까지 도달하게 한 숱한 학자와 운동가들에 대해 배웠지만, 그중 내가 특별히 매력을 느껴 소개하고 싶은 다섯 사람이 있다.

먼저, 영국 출생의 토마스 페인(Thomas Paine, 1737~1809)과 토마스 스펜스(Thomas Spence, 1750~1814)다. 이 두 사람의 공통점은 토지의 사적 소유가 불평등의 원인이라고 본 점이다. 토마스 페인은 『토지 분배의 정의』에서 자연 상태의 토지는 인류 공통의 것이었으나, 경작이 시작되면서 토지의 사적 소유가 시작된 점을 짚었다. 그는 대지를 점유하는 것은 가능하지만, 그것을 개인의 소유물로 삼을 수는 없다고 보았다. 다만 인간의 노동과 개량을 통해 새로 생겨난 가치는 개인의 소유가 될 수 있다고 주장했다. 그래서 토지 소유권 때문에 자연적 상속권이 박탈된 사람들을 위해 지대를 걷어 분배할 필요하다고 봤다. 그것이 페인이 말하는 '토지 정의'이며, 이는 이후 '토지 공개념'을 설파한 헨리 조지 등 다양한 학자와 운동가에게도 영향을 미쳤다.

토마스 스펜스는 페인보다 더 나아가는 대안을 제시한다. 스펜스는 자연 상태에서 모든 인간이 공동으로 누려야 할 공유재인 토지가 세습과 매매를 통해 소수에게 집중된 것이 불평등의 근본 원인이고, 이런 불평등이 단순히 제도의 문제가 아니라, 다수가 이 부당한 토지 독점에 저항하지 못하고 침묵한 데서 비롯됐다고 보았다. 그는 『유아(幼兒)의 권리』(The Rights of Infants)에서 모든 토지를 공동소유하고, 지역공동체가 7년 주기로 임대해 받은 임대료를 모두에게 배당하는 대안을 제시했다.

즉, 두 사람 모두 토지 소유 개념이 없었던 자연 상태에서는 토지가 주는 혜택을 모두가 누렸는데, 누군가 토지 소유를 하게 된 뒤 이익을 소유자만 갖는 것을 불평등의 원인으로 봤다. 페인은 토지 소유자에게 세금을 걷어 모두에게 분배해 토지 정의를 이루고자 했고, 스펜스는 토지를 지역공동체가 공동소유하고, 토지를 이용하는 자들에게 임대료를 받아 배당하는 대안을 내세운 셈이다. 두 사람의 공통점은 토지는 모두의 것, 즉 공유부(共有富, commons)이며, 공유부로부터 나오는 수익은 모두가 누려야 한다는 것이다.

다음으로 소개할 사람은 벨기에 출신의 조셉 샤를리에(Joseph Charlier, 1816~1896)다. 그는 산업혁명 이후 자본주의가 급격히 발전하면서 사회적 불평등이 커지는 시기에 『자연법에 기초한 인도주의적 헌법』(1848)을 발표했다. 당시 사회가 노동권 보장 문제로 논쟁하던 가운데, 샤를리에는 한발 더 나아가 노동 여부와 관계없는 무조건적 생존권을 주장했다. 인간은 태어날 때부터 살아갈 권리가 있다고 천명하며, 태양·공기·물·토지 등 자연 자원을 모두의 공동세습 재산으로 보았다. 그리고 이러한 사회적 부로부터 발생하는 공공의 이익을 재원으로 하여 모두에게 똑같이 배당해야 한다고 주장했다. 자산 심사나 노동 여부와 무관하게 지급되는 기본소득 개념의 정식화가 시작된 것으로 볼 수 있다.

네 번째는 노벨경제학상을 수상한 적 있는 허버트 사이먼(Herbert A. Simon, 1916-2001)이다. 인공지능 연구자로도 유명한 그는 모든 소득은 지식이라는 사회적 유산을 활용한 결과라고 주장했다. 사람들은 자신이 보유한 자산이나 능력으로 얻는 것보다 훨씬 더 큰 사회적 유산의 혜택을 누리고 있다는 것이다.

가만히 생각해보면, 우리는 세종대왕이 만든 한글과 국가가 제공하는 교육제도를 통해 지식을 배우고, 인류가 오랜 세월 발견하고 발전시켜 온 과학·기술·제도 덕분에 직업을 얻고 소득을 벌 수 있다. 사이먼은 이처럼 한 개인이 이룬 성과의 대부분이 사회가 축적해온 지식과 제도라는 사회자본 덕분이라고 보았다. 따라서 사회적 유산으로 얻은 소득의 일부를 세금 형태로 환수해 모든 시민에게 기본소득으로 분배하자고 제안했다. 사이먼은 토지뿐만 아니라 지식도 사회적 유산으로 보았으며, 이런 인식은 오늘날 공유부 배당의 철학적 토대가 되어 현대 기본소득 운동에 큰 영향을 미친 점이 매력적이다.

마지막으로 소개할 사람은 많은 사람이 존경하는 마틴 루터 킹(Martin Luther King Jr. 1929~1968)이다. 그는 흑인 차별에 비폭력으로 저항하며, 인종차별과 불평등 문제에 목소리 내고 행동했다. 민권법과 투표권법 등 흑인에 대한 법적 차별과 제도적 차별을 없애는 결과를 만들어 낸 위대한 인권운동가다.

하지만 그는 인종차별이 제도적으로 완화된 이후에도 흑인 폭동이 해마다 일어나고, 빈곤이 여전히 사람들의 삶을 짓누르는 현실을 보며 새로운 문제의식을 품게 된다. 그는 인종차별 해소를 위한 다음 단계는 빈곤과 불평등의 구조를 무너뜨리는 것이라고 보았다. 그래서 암살당하기 직전인 1967년 말, 그는 '가난한 사람들의 캠페인(Poor People's Campaign)'을 시작했다. 이 운동은 흑인만을 위한 것이 아니라 백인, 라틴계, 원주민 등 모든 가난한 이들을 포괄하는 연대 운동이었다. 킹은 각계의 빈민, 농민, 노동자들이 함께 워싱턴 D.C.로 행진해 정부에 경제적 권리와 기본적 생활 보장을 요구하자고 호소했다. 그해 발간한 『우리는 여기서 어디로 가는가: 혼돈인가, 공동체인가?』(1967)에서 그는 빈곤을 해결하는 가장 쉬운 방법은 기본소득 보장이라고 주장했다. 경제적 안정감이 퍼지면 심리적으로도 변화가 일어날 것이라고 말이다.

기본소득 아이디어의 핵심은 명확하다. 사람이라면 누구나 인간답게 살아갈 권리가 있다는 것, 그리고 우리 사회의 공유부에 대한 권리를 기본소득으로 모두 나눠야 한다는 것이다.

3. 공유부에 대한 권리, 기본소득

아이디어에서 정책이 된 기본소득은 그 정당성과 효과 등에 대한 연구가 활발히 진행됐다. 여러 학자가 이야기한 공유부에 관해서도 마찬가지다. 공유부란 현재의 소유관계와 무관하게 원래 모두의 것으로 봐도 마땅한 것에서 나온 수익이나 누구의 기여라고 확정하기 어려운 부를 의미한다. 토지, 햇빛, 생태환경 같은 자연적 공유부, 지식이나 정보 같은 사회적 유산에서 비롯된 사회적 공유부, 그리고 모든 사람의 일상에서 추출된 빅데이터로 생긴 디지털 공유부 등이 대표적이다.

공유부에 대한 권리로서 기본소득을 배당하는 대표적인 예가 미국 알래스카주의 '알래스카 영구기금'이다. 1960년대에 알래스카주 당국은 알래스카에 막대한 석유가 매장돼 있다는 사실을 알게 됐다. 예상되는 수익을 어떻게 처리할지 10여 년을 논의해 1976년에 알래스카주 헌법을 개정했다. '알래스카의 자연 자원은 모두 알래스카 사람들에게 속한다'는 내용을 포함시켜 석유 수익의 일정 비율을 적립하고, 투자할 영구기금을 설립하기 위해서였다. 1982년부터 석유에서 나오는 수익금 일부를 알래스카 주민에게 매년 배당하고 있다.

대한민국에서도 천연자원에서 나오는 수익을 주민에게 배당하는 사례가 점점 늘고 있다. 전남 신안군의 '햇빛연금'이 대표적이다. 햇빛연금은 지방자치단체가 태양광 발전에 주민이 참여하게 한 후 그 수익을 주민에게 배당하는 식으로 지급되고 있다. 곧 해상풍력을 이용한 '바람연금'도 지급할 것이라 알려져 많은 이들이 기대하고 있다.

지방자치단체가 정책을 실현하기 이전에 마을에서 공유부 수익을 배당한 사례도 많다. 충남 보령의 섬인 장고도에서는 해삼과 전복 양식으로 번 수익금을 마을 주민에게 배당한다. 해삼과 전복은 종묘를 뿌리고 난 뒤에는 관리할 일도 없이 알아서 큰다고 한다. 천연자원인 바다가 키워주는 셈이다. 1983년부터 마을 차원의 양식을 시작했고, 1993년부터 장고도에서 20년 이상 거주한 주민들을 대상으로 양식배당금을 지급하고 있다. 바다가 키워준 자원에서 생긴 이익을 주민에게 나누는 것, 이 역시도 공유부에 대한 권리를 주민들이 누리고 있는 사례다.

천연자원이 만든 수익에 대한 모두의 권리를 보장하는 차원에서 수익 일부를 배당하는 사례는 점차 늘고 있다. 특히 기후위기가 심각하기 때문에 재생에너지를 발전시켜야 한다는 시대적 과제와 결합해 '햇빛바람연금' 등의 형태로 시행을 준비 중이거나 예고한 지방자치단체가 많아지고 있다. 인구의 고령화와 지방소멸 위기를 경험하고 있는 농어촌 지역에서는 소득 보장 정책의 장점을 살려 인구 유입 효과도 기대하며 재원 마련을 위한 다방면의 노력을 하고 있다.

천연자원은 모두의 것이라는 공감대가 있었기에 천연자원의 수익을 기본소득으로 배당하는 정책을 시행할 수 있었을 것이다. 우리 사회에서 무엇을 공유부라 할 것인지, 그리고 어떤 방식으로 공유부가 창출한 가치를 측정하고 모두에게 배당할 것인지 등은 앞으로 사회적 합의를 통해 확장해 나가야 한다. 토마스 페인이나 토마스 스펜스의 주장처럼 토지 역시 애초에 모두의 것이라는 공유부 철학을 현대 사회에 적용되게 하려면, 부동산 관련 세금을 어떻게 걷고 어떻게 나눌지에 대한 논의 역시 결국 우리 사회 공유부에 대한 시민 모두의 권리에 관한 논의가 될 것이다.

사회적 공유부를 이야기한 허버트 사이먼의 말처럼 우리가 벌어들인 소득이 사회적 유산이 포함된 결과라면, 소득에 대한 세금 역시 공유부를 활용한 수익의 결과다. 세금이라는 공공자원을 어떻게 쓸지에 대한 논의 역시 공유부에 대한 모두의 권리를 확장해 갈 중요한 논의다.

4. 기본소득의 실현 방안

기본소득에 관한 가장 많이 받는 질문이 실현 방안이다. 구체적으로 기본소득에 필요한 재원을 어떻게 마련할 것인지를 궁금해한다. 실현 방안은 크게 두 가지다. 공유부 수익 일부를 조세를 걷어 배당하는 '조세형' 방식이 있고, 국가나 지방자치단체의 공공자원이 투자한 만큼 공유지분을 갖고 공유지분만큼의 수익금을 배당하는 '공유지분형' 방식이 있다.

조세형 방식은 공유부에 대한 일정 정도를 특별목적조세를 걷어 배당하거나 다양한 명목으로 걷힌 세금을 배당하는 방식이다. 토지가 공유부라는 공감대를 깊게 만들어 간다면, 보유한 부동산 가격의 일부를 토지세로 걷고 이를 모두 기본소득으로 배당하는 '토지세 기본소득'이 가능하다. 탄소배출량을 줄이고 유럽연합 등의 탄소국경세에 대응하기 위해 탄소배출 과정에 대해 탄소세를 부과하고, 이를 기본소득으로 배당해 상승한 물가에 대응할 힘을 키우는 '탄소세 기본소득'도 가능하다. 내란 사태 이후 대통령선거를 치러 출범한 새 정부는 농어촌 기본소득의 시범사업과 확대를 약속했다. 특별한 목적으로 세금을 신설하지 않고도 특정 대상과 지역을 대상으로 한 범주형 기본소득이 가능함을 보여주는 것이다.

공유지분형 방식은 정부가 산업을 키우는 데 공공자원으로 투자할 때 투자한 만큼의 주식을 공유지분으로 확보하여 그 지분만큼의 수익을 모두에게 배당하자는 제안이다. 지금은 기술 발전이 경제성장과 국가 미래에 지대한 영향을 주는 시대다. '기술 패권'이라는 이름으로 외교와 안보에도 영향을 미친다. 기술 발전을 혁신적으로 끌어낼 국가의 역할이 미래 먹거리를 좌우할 수도 있다는 의미다. 국가가 기술 발전을 위해 세금을 포함한 공공재원으로 투자한다면, 그 투자의 성과를 몇 개의 기업이 독차지하는 것이 아니라 시민 모두가 누려야 한다. 이는 혁신 산업으로 경제가 성장한다면 시민의 호주머니도 두둑해지는 정의로운 경제를 만들자는 제안이기도 하다.

세계 경제에서 살아남기 위해 키워야 하는 분야는 반도체, AI 등 첨단산업이다. 이 산업의 특징은 키우기 위해서 돈이 많이 필요하지만, 일자리가 많이 생기는 산업은 아니라는 점이다. 산업이 성장해도 일자리 등으로 낙수효과가 생길 것을 기대할 수 없는 현실에서 공유지분형 기본소득은 일자리에만 소득을 의존하기 어려워지는 사회적 변화에 발맞춘 전략인 셈이다.

정부의 공유지분 인수는 이미 시작됐다. 최근 미국 트럼프 대통령이 '공짜 보조금은 없다'고 선언하며, 기업에 대가 없이 투자하는 것을 멈추겠다고 했다. 기업에 투자한 만큼 지분을 갖겠다고 선언하며 세계적 기업인 인텔부터 지분 인수 실행에 들어간 것이다. 공유지분 인수를 시작한 국가가 있으니, 이 수익을 배당하자는 제안도 얼마든지 현실로 만들 수 있다. 기술 투자가 수익을 내는 성과가 날 때까지 긴 시간이 필요할지도 모른다. 하지만 산업 혁신으로 만들어 낼 미래의 모습이 불평등이 깊어지는 사회를 꿈꾸는 것이 아니라면, 정의로운 경제를 만들어 갈 준비를 해야 한다.

기본소득 재원 마련을 위한 다양한 시도는 정부의 의지만 있다고 저절로 해결될 문제는 아니다. 공유부에 대한 권리가 있는 시민들과 숙의하며 공감이 커질 때 가능하다. 기본소득당이 제21대 국회에 이어 제22대 국회에서도 기본소득공론화법을 발의한 이유다.

5. 기본소득이 만들어 낼 변화

기본소득은 다양한 이름으로 불린다. 민생회복지원금처럼 골목 경제를 살리는 경제정책으로도 불리고, 모멸적인 선별 과정이 없어 복지 사각지대가 없다는 특징을 강조할 때는 복지 정책으로도 불린다. 정부의 공공자원으로 기술혁신에 투자하고 그 수익을 배당하자는 측면에서 산업 정책의 효과도 기대할 수 있다. 소득이나 자산 불평등을 시정하거나, 노동시간을 줄이고 성평등한 가정과 일터를 만드는 데 보조적인 역할을 할 수 있다는 측면에서도 기본소득이 만들 다양한 변화를 기대하게 한다.

무엇보다 내게 기본소득의 매력은 어떤 선별 과정이나 조건 없이 모두에게 준다는 기본소득 정의 그 자체다. 우리 모두 사회 공유부를 배당받을 권리가 있다는 것은 우리 모두 이 사회의 동등한 구성원이 라는 걸 의미하기 때문이다.

"모든 사람은 태어날 때부터 자유로우며, 존엄과 권리에 있어 동등 하다."

세계인권선언 1조의 의미를 다시 새겨야 할 시대가 왔다. 2024년 12월 3일, 비상계엄 선포로 민주주의의 중요성을 다시금 깨달았듯 이 말이다. 이후 둘로 갈라진 대한민국의 모습에서 야금야금 세를 불 러 온 극우세력에 주목하게 됐다. 극우의 부상은 대한민국만의 문제 가 아닌 세계적인 현실이 되고 있다. 수많은 연구자가 극우세력 준동 의 사회적 원인으로 꼽는 것이 불평등이다. 경제적 불안과 불평등에 대한 좌절과 분노가 파괴와 폭력을 선동하는 극우 정치의 쉬운 먹잇 감이 되고 있다. 극우 정치의 핵심은 특정한 사회적 약자에 대한 혐오를 선동하면서 국민을 분열하는 통치를 전제한다는 점이다. 불평등에 기반한 불행이나 고통마저 경쟁해야만 사회적 지원을 받을 수 있는 사회에서는 약자에 대한 혐오가 강해질 수밖에 없다. 공유부를 배당받을 권리가 모두에게 있다는 새로운 사회계약은 우리 모두 동등한 구성원으로서 존엄한 존재임을 재확립하는 것이다. 타인에 대한 존중과 사회에 대한 신뢰를 증진하는 연대감을 높일 방안인 기본소득에 대해 우린 진지하게 논의해야 한다.

기본소득은 모든 문제를 해결하는 만능열쇠가 아니다. 존엄한 삶을 위해서는 복지가 확충돼야 한다. 복지 확충에는 재정이 필요하다. 증세를 가능하게 하려면 복지 확대를 위해 증세도 동의하는 세력을 만들어야 한다. 스웨덴 사회학자들 코르피(Walter Korpi)와 팔메(Joakim Palme)의 '재분배 역설론'은 기본소득이 복지도 강화할 미래도 그려보게 한다. '재분배 역설론'에 따르면, 복지를 선별적으로 운영할수록 오히려 제도를 강화하기 어렵다. 선별 복지는 복지 혜택을 받는 수급자와 그 재원을 부담하는 납세자 사이의 갈등을 조장해 광범위한 친복지-친증세 동맹을 형성하기 어렵게 만들기 때문이다. 반면에 기본소득과 같은 보편적 사회 안전망은 모든 시민이 제도의 수혜자이자 책임자로 참여하게 함으로써, 복지 재원 마련에 대한 공동의 동의와 연대의 기반을 넓힐 수 있다. 기본권을 확장하고 불평등을 줄이는 기본사회를 실현하기 위해서도 기본소득은 반드시 해나가야 할 개혁 과제다.

동등한 사회구성원으로서 온전하게 존중받으며 존엄하게 살아갈 수 있는 사회, 그것이 기본소득이 만들어 갈 변화다. 나답게 살아갈 수 있는 사회를 위한 용기가 필요한 이때, 내 몫을 당당하게 요구할 수 있는 사회로의 변화를 기본소득으로 만들어 나가길 희망한다.

"왜 책을 내고 싶으세요?"

출판사와의 첫 만남에서 받았던 질문이다. 책에 대한 구상과 내용에 관한 이야기를 잔뜩 나눌 것이라는 예상을 빗나간 질문이었다. 정치인들은 보통 선거를 앞두고 책을 낸다. 정치하게 된 계기나 무엇을 이뤄냈는지를 책에 담아 출판기념회도 한다. 서울시장 선거 후보로 두 번 출마한 내가 내란 사태 이후 지방선거를 앞두고 책을 출판하고 싶다고 하니, 출판사로서도 속사정이 궁금할 법했다.

숨을 고르고 솔직하게 대답했다.

"오랫동안 성취감을 못 느꼈어요. 결과물이 눈으로 바로 확인되는 책 출판으로 성취감을 느끼고 싶어요."

진솔하게 이야기하자면 나는 경쟁을 부추기는 사회에서 자라 성과를 내는 것이 매우 중요한 사람이다. 내가 속한 기본소득당의 정책 지향은 능력에 따라 줄 세워 차별하지 않는 세상이지만, 나 자신의 능력이 모자라지 않아야 한다고 늘 스스로 채근하곤 한다. 당을 대표해 정책토론회에 나간 뒤 토론 잘했다고 보내주는 고마운 격려를 아무리 많이 받아도, 내가 한 실수를 오랫동안 곱씹는다. 같은 실수를 반복하지 않아야 다음번에 더 성취감을 느낄 수 있으니 말이다.

발달장애인을 만나는 자원활동을 운영하는 시민단체에서 일할 때는 성취감을 곧 잘 느꼈다. 자원활동가들이 발달장애인을 만나면서 장애인이 경험하는 차별을 배우고, 나아가 모두가 차별 없이 존엄하게 살아가는 세상을 함께 꿈꾸게 될 때마다 하는 일에 대한 자부심도 느꼈다. 하지만 더 직접적으로 내가 바라는 세상을 향해 가고 싶다고 본업을 정치인으로 바꿨을 때부터는 성취감을 느끼는 횟수가 현저히 줄었다. 무모하게 도전한 창당은 성공했지만, 작디작은 신생 정당이 국회 안팎의 변화를 만들어 내는 일은 긴 시간이 필요했다. 쉴 새 없이 바쁘게 지내도 성취감은 아득하니 지쳐가는 나날도 늘었다. 눈에 보이는 결과로 느끼는 성과, 그게 있다면 또 지난한 시간을 견뎌낼 힘을 키울 수 있을 것 같았다.

출판사는 어떤 책을 내고 싶냐고 물었다. 정치인들이 내는 책은 자신이 생각하는 정치를 담는 경우가 많다. 나는 독자들이 정치하는 일상을 얼마나 공감해 줄지는 모르겠지만 진짜 에세이를 쓰고 싶다고 답했다. 성취감을 느끼고 싶어 책 출판을 결심한 후 어떤 책을 쓸지 고민한 결과였다. 최근 내 삶에서의 가장 큰 변화는 고양이 입양이었고, 고양이 집사가 된 뒤 더 넓어진 세상을 향한 시선에 관한 이야기를 전하고 싶었다.

한창 창당을 준비할 때 입양한 고양이 지오는 매일 나의 쓸모를 확인하게 했다. 창당할 수 있을지 모를 한 치 앞도 보이지 않는 무모한 도전을 묵묵히 이어가고 있을 때였다. 제때 밥 주고 화장실을 치워주지 않으면 스스로 삶을 이어가기 어려운 한 생명, 내 손에 달린 돌봄의 무게는 하루만 소홀해도 무겁게 다가왔다. 고양이는 집에 대한 감각도 바꿔놓았다. 예전에는 잠만 자고 후다닥 출근하러 떠나기 바빴던 집에 내가 없는 시간에도 24시간 지내고 있는 생명이 살게 됐다.

가구 배치는 고양이 중심으로 바뀌었고, 일부러 집에 머무르는 시간도 늘렸다. 고양이 밥과 간식이 한시도 떨어지지 않도록 살피는 일은 내가 먹을 식재료가 냉장고에 얼마나 있는지 챙기게 만들기도 했다. 무엇보다 집에 누군가를 초대하게 됐다. 예전엔 집에 돌아갈 막차를 놓쳐 잠만 자고 떠날 이들이 집을 방문했다면, 고양이를 만나 시간을 보내고 싶은 이들이 내 집을 찾았다. 막연히 보이지 않게 쳐놓았던 타인과의 벽을 나도 모르는 새 고양이가 허물고 있었다.

관계의 벽을 허물기 시작한 고양이는 이내 나와 세상과의 연도 더 단단히 묶어주었다. 이전에 무언가를 결정하거나 좋고 나쁨을 판단하는 기준이 오로지 '나'였다면, 이제는 고양이 역시 내 삶의 기준으로 들어왔다. 고양이를 함께 돌보겠다고 자처한 친구들과 고양이를 비롯해 더 많은 생명이 공존하며 살아갈 수 있는 더 나은 공동체를 만드는 문제가 내 삶의 문제로 들어왔다. 어찌 보면 전업 정치인의 길을 나선 시기에 고민과 세계관을 확장해 주는 좋은 스승을 만난 셈이었다.

특히 한창 내란 사태를 통과하고 있을 때 우연히 내게 온 할머니 고양이 시루 덕분에 꼭 책을 써야겠다고 마음먹었다. 두 마리 고양이 집사의 삶은 쓰게 되는 시간뿐만 아니라 돌봄에 대한 고민까지 확연히 달라지게 했기 때문이다. 매일 퇴근길을 마중하는 지오와 달리 시루는 드문드문 마중 나온다. 시루가 마중 나오지 않을 때면 혹시 시루가 아픈 건 아닌지 가슴이 철렁하는 것처럼 노묘 집사의 일상은 여태껏 마주한 적 없는 감정의 연속이었다.

이 책을 펼친 고마운 이들이 내 이야기에 공감할지는 여전히 확신할 수 없다. 그럴 때마다 정치를 하면서 가장 좋아하게 된 문장 중 하나인 캐롤 허니쉬(Carol Hanisch)의 '개인적인 것이 정치적이다'를 떠올렸다. 일상에서의 발견을 정치적인 것과 자연스레 연결할 수 있는 것이 내 장점 중 하나라고 믿으면서 말이다. 내 세계관의 변화가 우연히 내게 온 고양이와의 인연으로 시작되었듯, 삶의 경험에서 나온 공감이 우리를 더 나은 세상으로 이끌 수 있는 강한 힘을 갖고 있다고 믿으며 책을 썼다.

　지극히 개인적인 동기로 쓰기 시작했지만, 쓰는 내내 정치하는 일상을 응원해 준 고마운 이들과 깊숙이 연결된 내 삶을 되돌아보는 시간이었다. 그들의 다정한 말과 행동이 아득한 이 길을 계속 걸어가게 하는 힘이었음을 새삼 느꼈다. 말리는 위치에서 응원의 위치로 돌아선 사랑하는 부모님, 집중적으로 책 쓰는 일정을 양해해 줄 뿐만 아니라 고양이 돌봄도 함께 나눠주는 애정하는 기본소득당 동료들에게 책을 빌려 사랑을 전한다. 바다 위에 떠 있는 것만으로도 위로받을 수 있다는 삶의 진리를 전해주고 서핑을 계속 즐기게 만들어 주는 양양 거북이서프 임기남 선생님께도 감사의 마음을 전한다. 책의 기획 과정에서부터 나오기까지 함께 고민해 주고 손을 보태준 규리와 하연 덕분에 무사히 책이 세상에 나올 수 있었다. 솔직한 이야기를 세상에 내놓고 싶다는 바람을 실현으로 끌어낸 펜타클 출판사의 노고와 용기에도 감사하다. 특히, 깃발을 들고 앞장서 길을 내는 정치의 역할과 무게, 그리고 고양이 돌봄의 고단한 일상을 이원우 디자이너가 표지로 구현해 주셨다. 시큰해지는 응원이 전해져 감사할 따름이다. 또한 기후위기에 대한 경각심을 친환경 인쇄로 화답하려 애써 주신 프린탑에도 감사를 전한다.

마지막으로, 내일을 더 잘 살아내고 싶게 만드는, 내 삶의 순간을 함께 나누고 있는 책에 나온 모든 이들에게 이번 생에 만나서 참 고맙다고 전하고 싶다.

세상에서 나의 쓸모를 언제나 고민하고 망설이는 모든 이들이 온전하게 나답게 살아가며 서로 돌볼 수 있는 세상을 이번 생에 함께 만들어나갈 수 있기를 바라며.

2026년 1월

신지혜 드림